Jens Nielsen Sigsgaard

A Nova Era da Diplomacia

Jens Nielsen Sigsgaard

A Nova Era da Diplomacia

ScienciaScripts

Imprint
Any brand names and product names mentioned in this book are subject to trademark, brand or patent protection and are trademarks or registered trademarks of their respective holders. The use of brand names, product names, common names, trade names, product descriptions etc. even without a particular marking in this work is in no way to be construed to mean that such names may be regarded as unrestricted in respect of trademark and brand protection legislation and could thus be used by anyone.

Cover image: www.ingimage.com

Este livro é uma tradução do original publicado sob ISBN 978-3-8443-0152-6.

Publisher:
Sciencia Scripts
is a trademark of
International Book Market Service Ltd., member of OmniScriptum Publishing Group
17 Meldrum Street, Beau Bassin 71504, Mauritius
Printed at: see last page
ISBN: 978-620-2-89277-3

Para
Bige

Introdução

Durante meio ano passado em 2007 na Embaixada da Dinamarca em Tóquio, soube que a diplomacia pública é actualmente um dos conceitos mais importantes no Ministério dos Negócios Estrangeiros dinamarquês. Isto é sublinhado pela recente abertura do Departamento de Diplomacia Pública no Ministério, que orquestra todo o trabalho de diplomacia pública do Ministério dos Negócios Estrangeiros em estreita cooperação com as missões no estrangeiro. (Ministério dinamarquês dos Negócios Estrangeiros)

Esta tendência não se limita à Dinamarca. A diplomacia pública está a tornar-se cada vez mais importante em vários ministérios dos negócios estrangeiros, especialmente nos países economicamente mais desenvolvidos - Canadá, Noruega e Estados Unidos em particular, todos têm uma diplomacia pública muito bem desenvolvida. Os Estados Unidos têm-no por razões muito óbvias, porque tem o maior serviço estrangeiro e porque muitas vezes lida mais profundamente do que muitos outros estados com várias áreas diferentes do mundo. A Noruega e o Canadá, por outro lado, são mais interessantes a este respeito, uma vez que ambos têm serviços estrangeiros comparativamente mais pequenos, mas optaram por estar entre os principais criadores de tendências na diplomacia pública. Além disso, a França é notável porque tem o maior financiamento para a diplomacia cultural do mundo - um parente próximo da diplomacia pública.

A razão para a posição cada vez mais central deste antigo nicho de esforços diplomáticos foi o reconhecimento do valor de *conquistar os corações e mentes das pessoas* e a importância crescente da sociedade civil nas relações internacionais. Por conseguinte, os ministérios dos negócios estrangeiros precisam de alargar o seu foco e não apenas concentrar os seus esforços nas agências governamentais estrangeiras e na diplomacia multilateral. (Melissa 2007: xvii-xxii)

Um conceito relacionado, mas muito diferente, com a diplomacia pública é o de marca da nação. Esta é uma abordagem em que os governos e os serviços estrangeiros têm sido inspirados por conceitos modernos de marketing, tais como o branding. A ideia é que é possível moldar a percepção das pessoas sobre um estado ou organização utilizando algumas das mesmas ferramentas que as empresas comerciais utilizam para vender os seus produtos. Embora esta abordagem pareça estar a tornar-se cada vez mais popular nos países ocidentais, é difícil encontrar provas sólidas de que funciona ou de que é benéfico utilizar abordagens comerciais como esta na política.

É bastante sintomático que o foco se esteja a afastar ainda mais das abordagens tradicionais do Ministério dos Negócios Estrangeiros. Há uma ampla tendência para "pensar fora da caixa" na condução de relações externas - com graus de sucesso muito diferentes. Além disso, num grande número de países, os ministérios dos negócios estrangeiros estão a tentar combater o antigo estigma de ser fechado, secreto e elitista, e parece haver uma consciência crescente da importância dos meios de comunicação social e da opinião pública.

A dissertação tenta descobrir porque é que estas novas abordagens para conduzir a diplomacia e manter ou criar boas relações externas surgiram e que significado elas têm e terão nas relações internacionais. Além disso, será examinado se a importância dos ministérios dos negócios estrangeiros pode ser considerada como crescente ou decrescente. O problema que será examinado nos capítulos seguintes será portanto

"Porque é que vários ministérios dos negócios estrangeiros tomaram recentemente medidas para se reinventarem e introduziram várias novas formas de diplomacia? Será a maior ênfase nos meios de comunicação social e nas relações públicas mais bem sucedidas na consecução dos objectivos da política externa, em comparação com os meios tradicionais da prática diplomática, e poderá isto representar um avanço nas relações internacionais?

Metodologia

Este capítulo descreve como se aborda o problema principal - incluindo que teorias são utilizadas e que papel desempenham na tese, que dados são utilizados e que abordagem analítica é escolhida. Espera-se que este capítulo ajude a fornecer um quadro lógico para a tese e a esclarecer porque é que a tese está estruturada tal como está e porque é que esta é uma forma adequada de chegar a uma conclusão.

As teorias a utilizar para analisar o problema baseiam-se todas em teorias bastante convencionais no seio das relações internacionais - neorealismo, neoliberalismo e construtivismo. As duas últimas teorias foram escolhidas porque ambas podem ser conducentes à análise do problema, em vez de rejeitarem igualmente a importância da diplomacia pública, da marca da nação e conceitos semelhantes - aos quais uma teoria como o neorealismo teria uma tendência. Dentro do neoliberalismo, o conceito de "poder suave" de Joseph S. Nye é utilizado principalmente, o que sublinha a existência e importância de outros factores de poder para além do poder militar e económico - o que ele chama de "poder duro". O reconhecimento de que o poder de atracção é tão atraente como o poder militar e económico e que vale a pena competir por ele ajudará a justificar a existência e a importância crescente da diplomacia pública, da marca da nação e de outras estratégias de comunicação da liderança da política externa e, em última análise - espera-se - proporcionará uma forma de compreender se estas abordagens são uma forma mais eficaz de alcançar os objectivos da política externa em comparação com os instrumentos diplomáticos tradicionais.

O construtivismo será utilizado porque pode possivelmente atribuir ainda mais importância ao aumento da ênfase no diálogo e na comunicação nas relações internacionais do que o neoliberalismo e o soft power. A razão para tal é que o construtivismo está mais aberto a potenciais mudanças nos mecanismos mais fundamentais das relações internacionais. Por conseguinte, será examinado se as novas abordagens poderão ser um instrumento para os Estados mudarem as premissas mais fundamentais da comunidade de Estados no mundo de hoje.

A teoria final utilizada no trabalho é o neorealismo. Esta teoria foi escolhida a fim de manter uma visão crítica das novas abordagens comunicativas na diplomacia e nas relações internacionais e de questionar o seu significado global. Também fornecerá contra-argumentos às outras duas teorias e assim ajudará a fazer avançar a análise e discussão do problema.

É notório que a selecção de teorias é toda muito centrada no estado, que poderia ser considerada bastante antiquada, mas considerando a formulação do problema é a forma mais óbvia de abordar o problema. Uma vez que a ênfase é colocada na diplomacia tradicional e na sua utilização destes novos conceitos, o enfoque teórico deve, portanto, ser também colocado nos actores estatais. Embora organizações internacionais, ONGs, grandes empresas e a sociedade civil em geral possam estar todas envolvidas de uma forma ou de outra na diplomacia pública, na marca da nação ou na diplomacia cultural, o foco continua a ser as instituições estatais e as suas opiniões sobre as relações internacionais.

Este capítulo sobre métodos é seguido pelos capítulos empíricos. Estes contêm um breve esboço do desenvolvimento da diplomacia tradicional e dos ministérios dos negócios estrangeiros, que fornece o quadro a partir do qual os novos conceitos devem ser considerados em relação ao âmbito do trabalho. O breve esboço é seguido por uma apresentação dos três aspectos comunicativos da nova forma de fazer diplomacia, nomeadamente - diplomacia pública, marca da nação e diplomacia cultural. O foco principal será o conceito de diplomacia pública, uma vez que esta deve ser vista como a nova abordagem mais significativa na diplomacia e na política externa. A diplomacia cultural não é um conceito novo nas relações internacionais, mas será no entanto apresentada juntamente com a diplomacia pública e a marca da nação, uma vez que está tão intimamente relacionada com eles e se sobrepõe aos outros dois conceitos em várias áreas.

Após o capítulo empírico, são apresentadas e discutidas as três teorias acima mencionadas, seguidas da análise. Na análise, os modelos explicativos das três teorias acima mencionadas são aplicados à evidência empírica e ponderados uns contra os outros. Do lado teórico, a análise será geralmente bastante difícil, uma vez que especialmente a nova diplomacia pública é ainda um fenómeno bastante novo e geralmente difícil de medir, pelo que as provas empíricas inegáveis são geralmente limitadas e difíceis de obter. Além disso, é a discussão teórica que é realmente o aspecto mais interessante das possibilidades da diplomacia pública, da marca da nação e da diplomacia cultural, uma vez que isto só pode ser respondido se se tiver uma compreensão clara, ou melhor, uma crença, de como funciona realmente a dinâmica das relações internacionais e se os mecanismos são estáticos ou não. Como extensão disto, os dados utilizados na tese serão de carácter secundário.

Um esboço histórico da diplomacia

Uma vez que a principal premissa deste trabalho é a mudança de orientação das instituições diplomáticas tradicionais, um esboço da emergência e desenvolvimento da diplomacia é essencial para manter a relevância do próprio problema. Além disso, a extensão deste esboço histórico à diplomacia em geral destina-se a proporcionar uma compreensão básica de como a diplomacia pública, a marca da nação e a diplomacia cultural poderiam potencialmente beneficiar da maquinaria diplomática já existente - ou seja, os contactos e a reputação das embaixadas e, em menor medida, dos consulados.

A diplomacia é tão antiga como a própria civilização, com os primeiros sinais de actividade diplomática rudimentar possivelmente já no quarto milénio a.C. no Próximo e Médio Oriente. Nessa altura, a actividade diplomática era bastante esporádica, pois a comunicação a longas distâncias por parte de comerciantes e mensageiros era muito lenta e imprevisível. Nos tempos antigos, a prática diplomática começou a desenvolver-se tanto em frequência como em normas mutuamente aceites - tais como a imunidade diplomática. Isto pode possivelmente ser atribuído ao grande número de pequenas - principalmente costeiras - cidades-estado gregas em comparação com os grandes impérios sem litoral do antigo Próximo e Médio Oriente. (Berridge 2005: 1-2)

A embaixada residente

Na Idade Média, o sistema diplomático estava enraizado em dois tipos principais de enviados - o núncio e o plenipotenciário. O plenipotenciário viajou como representante directo do seu senhor feudal, que era normalmente de alta nobreza, e tinha plenos poderes de negociação, enquanto o núncio se limitava a entregar uma mensagem. O envio de uma mensagem de cada vez que as negociações entre Estados deviam ter lugar era impossibilitado pela pompa e frequentes disputas entre os negociadores sobre prioridade e cerimónia. Esta é uma das razões pelas quais a embaixada residente nasceu nas cidades-estado italianas nos finais do século XV. Também rapidamente se tornou evidente que uma embaixada residente dentro de um Estado não só era barata, mas também benéfica para o estabelecimento de contactos, uma vez que proporcionava uma melhor compreensão do Estado e, portanto, uma fonte inestimável de informação. (Berridge 2005: 108109)

Contemporâneo à fundação da embaixada residente foi o notório filósofo político e diplomata de carreira Niccolo Machiavelli, e embora não tenha passado muito tempo a teorizar a diplomacia como tal, teve algumas opiniões interessantes sobre a prática diplomática que ilustram a encruzilhada em que a Itália se encontrava por volta de 1500. Maquiavel acreditava na diplomacia permanente em todos os tribunais importantes para um país, tanto com amigos como com inimigos, porque nunca se soube quando um amigo se tornou inimigo. Embora Maquiavel defendesse a nova e moderna diplomacia residente, as suas ideias estavam, em muitos aspectos, muito longe do que mais tarde se tornaria as normas diplomáticas geralmente aceites. Por um lado, defendeu fortemente o uso frequente de engano e suborno para atingir objectivos - o que deveria ser desencorajado na prática diplomática posterior, pois a longo prazo arruinaria a reputação e credibilidade da embaixada e, por conseguinte, do seu governo de origem. Nem viu o diplomata como parte de um sistema internacional, mas apenas serviu interesses egoístas para o próprio diplomata e para o Estado que ele serviu, no que ele considerava ser um estado de guerra quase ininterrupta entre Estados. (Berridge 2001: 21-24)

Um pensador diplomático posterior mas muito importante foi o governante de facto da França em 16241642 - o Cardeal Richelieu. Foi um forte defensor da diplomacia e preferiu-a ao uso da força bruta, Richelieu em particular é conhecido pelo seu conceito de *negociações contínuas*. Com isto ele significa que o Estado deve ter representações diplomáticas em todos os tribunais - mesmo onde não pareça valer a pena. Além disso, as representações não se devem limitar à recolha de informação, mas devem sempre conduzir negociações para atingir objectivos, mesmo quando o objectivo parece difícil ou mesmo impossível, ou quando não é possível encontrar objectivos interessantes. As negociações não têm necessariamente de ter lugar nos canais estabelecidos; também podem ser conduzidas em segredo, se for preferível. Mas o objectivo mais importante para Richelieu é o prestígio do Estado e do soberano - que é a encarnação do Estado. Graças à sua extensa rede de missões diplomáticas, a França teria, neste caso, um grande número de agentes diplomáticos em cada país para representar o caso do seu país de origem. Em muitos casos, portanto, as negociações permanentes servem apenas, em segundo lugar, para atingir determinados objectivos políticos ou económicos, mas antes de mais para representar as posições do Estado francês e para sensibilizar e, talvez, dar apoio atempado a estas preocupações. (Berridge 2001: 71-82)

Richelieu pode ser visto como estando à frente do seu tempo a este respeito, tal como muito do seu conceito de negociação contínua pode ser visto como uma forma de proto-nation branding ou diplomacia pública, séculos antes mesmo destes conceitos terem sido cunhados.

O sistema francês

À medida que a prática diplomática foi crescendo cada vez mais, começou a ser institucionalizada. À medida que as missões diplomáticas recomendadas por Richelieu se tornaram mais generalizadas e mais permanentes, e o papel da embaixada residente aumentou gradualmente o seu estatuto - onde anteriormente o enviado especial ocasional tinha o estatuto mais elevado, era agora o embaixador. Esta institucionalização da prática diplomática criou um sentido de profissionalismo e colegialidade entre os diplomatas das várias capitais - nasceu o conceito de corpo diplomático. O corpo diplomático tornou-se uma valiosa fonte de informação para todos os diplomatas envolvidos e mostrou algumas semelhanças com um sindicato, uma vez que todos os diplomatas tinham alguns interesses semelhantes, tais como a manutenção da imunidade diplomática. (Berridge 2005: 112)

Outro desenvolvimento introduzido pelo sistema francês de diplomacia foi o do sigilo.

As negociações começaram geralmente a decorrer em segredo, a fim de dar a ambas as partes um pouco mais de espaço de manobra no processo, sem demasiada interferência dos governos dos países de origem dos negociadores ou da opinião pública. Este estilo secreto de 13

As negociações foram favorecidas porque normalmente ambas as partes teriam de ceder a negociações em algumas áreas para chegar a um acordo. Isto seria mais fácil de apresentar ao seu governo e, portanto, ao público assim que o acordo fosse alcançado. Infelizmente, isto também estigmatizou o corpo diplomático como fechado e inacessível, uma reputação que poderia limitar o seu sucesso na diplomacia pública se a sua imagem não mudasse.

À medida que a prática diplomática se institucionalizou, alguns dilemas tornaram-se aparentes. Um dos dilemas mais importantes foi o compromisso entre a experiência e a lealdade. Quanto mais tempo um diplomata estava estacionado num lugar, maior era a hipótese que tinha de construir uma rede de contactos inestimável e de adquirir uma compreensão mais profunda do lugar onde estava estacionado. Por outro lado, os diplomatas que estiveram estacionados no mesmo local durante muito tempo correram o risco de *regressar a casa*. Isto significa que o diplomata pode começar a ver as políticas e posições do local onde está estacionado mais simpaticamente do que o seu governo de origem. A fim de evitar isto, os ministérios dos negócios estrangeiros fixam geralmente um limite de tempo para que um diplomata possa ser colocado no mesmo local, que ainda hoje se encontra em vigor. (Berridge 2005: 110-114)

O Ministério dos Negócios Estrangeiros

O Ministério dos Negócios Estrangeiros é uma invenção bastante nova no mundo da prática diplomática. Embora o primeiro Ministério dos Negócios Estrangeiros tenha sido criado pelo Cardeal Richelieu em França, só no final do século XVIII, quando os ministérios foram abertos em países como o Reino Unido e os novos Estados Unidos independentes, é que se espalhou tão amplamente. Foi apenas no século XIX que se pôde atribuir uma importância real ao Ministério.

A razão para a criação dos ministérios foi principalmente para uniformizar os procedimentos diplomáticos, para criar consistência na política e para analisar os relatórios recebidos das missões diplomáticas. Em muitos países, havia uma nítida distinção entre o trabalho do ministério no país e o trabalho das missões no estrangeiro - muitas vezes caminhos de carreira separados dentro de cada sector. Nos países mais pequenos, no entanto, os sectores tendem a ser mistos. (Berridge 2005: 5-8)

Os ministérios dos negócios estrangeiros são geralmente a entidade que organiza e planeia estratégias de diplomacia pública, embora também incluam várias outras organizações, instituições e outros agrupamentos. A diplomacia pública e a sua prática é apresentada mais detalhadamente a seguir.

Diplomacia pública

Como ficou claro acima, a prática diplomática sempre se concentrou nos canais oficiais de comunicação bilateral ou multilateral entre Estados e tem estado geralmente envolta em segredo. Embora esta diplomacia tradicional continue a ser essencial para os Estados na formação das suas relações externas, vários governos começaram a reconhecer a necessidade de ir além dos governos estrangeiros nos seus esforços para alcançar os objectivos da política externa. Um dos produtos mais notáveis deste reconhecimento tem sido o crescimento da diplomacia pública - ou seja, a diplomacia que visa segmentos seleccionados do público estrangeiro em vez de governos estrangeiros. Nos seus esforços para clarificar as políticas do seu governo, os profissionais da diplomacia pública utilizarão vários instrumentos para evitar mal-entendidos baseados na propaganda ou na falta de informação, na esperança de eventualmente conquistar os *corações e as mentes* do público estrangeiro. Este capítulo analisa em profundidade os objectivos e instrumentos da diplomacia pública. (Ross 2002: 75-77)

A nova Diplomacia Pública baseia-se numa série de princípios que a distinguem claramente de outros tópicos relacionados. Estes princípios podem ajudar a fornecer uma visão geral básica do conceito e são os seguintes

1. *"Diálogo, não monólogo". Despertar a compreensão e a vontade de compreender*

2. *Integração noutra diplomacia desde o início*

3. *Cooperação com parceiros não governamentais*

4. *trabalhar de acordo com o método de rede, não o método hierárquico*

5. *Coerência entre o trabalho de relações públicas da diplomacia no país e no estrangeiro*

6. *soluções à medida das tarefas: "Não existe uma definição comum ou um comportamento comum que se adapte a todos.*

7. *informação honesta e fiável, sem propaganda*

8. *Papel de observador, ou seja, registar o comportamento de outros países na área com posterior apresentação de relatórios ao país de origem".* [1](Andreasen 2007: 38-39)

Este conceito multifacetado, que se situa na intersecção da estratégia de comunicação, propaganda, diplomacia cultural e prática diplomática tradicional, é apresentado e examinado com mais detalhe neste capítulo. O objectivo deste capítulo é fornecer uma base completa para uma análise posterior destas e práticas diplomáticas/comunicativas relacionadas, a fim de determinar se são ou não um meio mais eficaz de alcançar os objectivos de política externa.

---

[1] Traduzido do dinamarquês: 1: diálogo , ikke monolog. In vskke til forstaelse og in ville forsta 2: integração noutras diplomacias, iniciando a fase 3: cooperação com nenhum parceiro oficial 4: trabalho segundo métodos de rede, não o método hierárquico 5: cooperação com o trabalho de diplomacia pública geral no Reino Unido e no estrangeiro 6: declarações raspadas: "Quem tiver a sua própria definição pessoal de pele ou pêlo preenche todos os requisitos." 7: informação pessoal e palpável, sem propaganda 8: papel de observador, ou seja, registo de outros países, e depois comunicação com as autoridades competentes.

Objectivos da diplomacia pública

A diplomacia pública pode ter um impacto a vários níveis, dependendo do sucesso das iniciativas de diplomacia pública, do tempo de duração e dos recursos investidos nas mesmas. As possíveis realizações da diplomacia pública estão listadas abaixo, numa ordem hierárquica

- *"Aumentar a familiaridade das pessoas com o seu próprio país (fazê-las pensar, actualizar as suas imagens, inverter opiniões desfavoráveis)*
- *Aumentar o apreço das pessoas pelo seu próprio país (criar percepções positivas, fazer os outros verem as questões de importância global da mesma perspectiva)*
- *Animar as pessoas com o seu próprio país (fortalecer os laços - da reforma educacional à cooperação científica; encorajar as pessoas a verem-nos como um destino atractivo para o turismo, o estudo, o ensino à distância; levá-las a comprar os nossos produtos; compreender os nossos valores e torná-los seus)*
- *influenciar as pessoas (conseguir que as empresas invistam, conseguir que o público apoie as nossas posições ou conseguir que os políticos se dirijam a nós como parceiro preferencial)"* (Leonard 2002: 9-10)

Os objectivos da diplomacia pública podem assim cobrir uma vasta gama de questões, desde a apresentação básica do país a certos grupos-alvo ou a dispersão de conceitos errados que possam ter sobre o país, até ao envolvimento activo das pessoas no país, atraindo pessoas para visitar, estudar, investir ou fazer negócios políticos. As esperanças sobre o que se pode esperar das iniciativas de diplomacia pública dependem do que a relação já é e em que áreas o principal objectivo é reforçá-la - sejam elas relações políticas, económicas ou culturais.

Diplomacia pública e propaganda

Pode ser tentador ver a diplomacia pública como um termo mais fácil de digerir para o que sempre foi chamado propaganda. Embora os termos estejam relacionados na medida em que ambos procuram influenciar as opiniões da opinião pública estrangeira, são também, evidentemente, muito diferentes. Em geral, a propaganda tenta estreitar os horizontes das pessoas, tentando moldar as suas opiniões por todos os meios necessários, enquanto a diplomacia pública procura abrir os horizontes das pessoas através da informação e educação. A diplomacia pública, naturalmente, tem os motivos para alargar os horizontes das pessoas na direcção que pensam ser a correcta, e tem uma agenda específica, mas pode ser mais útil vê-la como *contra-propaganda* ou como uma forma de quebrar os preconceitos que o destinatário tem sobre o remetente. A diplomacia pública também herdou lições cruciais da diplomacia convencional - nomeadamente que a mentira e a desinformação são muito contraproducentes a longo prazo e nunca devem ser feitas. Uma vez que os profissionais diplomáticos são apanhados a espalhar a desinformação em qualquer área, isso prejudica todo o seu trabalho e as mensagens que tentaram espalhar. (Melissa 2007: 16-19)

Uma diferença final entre propaganda e diplomacia pública é que enquanto a propaganda difunde continuamente mensagens aos seus grupos alvo, a diplomacia pública utiliza uma estratégia de comunicação nos dois sentidos. Os profissionais da diplomacia pública precisam de ouvir o que o seu público pensa e o que têm a dizer sobre eles e os seus governos, porque isto lhes dá maior credibilidade e lhes permite adaptar continuamente as mensagens que enviam para alcançar o maior impacto positivo possível. A chave não é a quantidade de informação enviada, mas sim como a mensagem certa pode ser comunicada da forma mais eficaz pelos meios certos para se obter o melhor resultado. Para alcançar estes resultados, deve ser desenvolvida uma compreensão da situação e dos pontos de vista gerais dos vários segmentos da população alvo. (Leonard 2002: 46-49)

Diplomacia estabelecida e diplomacia pública

A emergência da nova diplomacia pública levantou uma série de puzzles para a comunidade diplomática estabelecida e os seus ministérios dos negócios estrangeiros. Um dos maiores desafios a este respeito é a questão de como este novo campo pode ser integrado na organização diplomática. É da natureza da diplomacia pública ser aberta e abrangente, o que historicamente não tem sido um dos trunfos mais fortes do corpo diplomático - que sempre exibiu uma aura de sigilo e distanciamento. Isto deve-se em parte, como já foi mencionado, ao facto de, até agora, terem considerado necessário negociar com os seus interlocutores e examinar a situação nos países onde estão estacionados - nenhum deles é uma área conducente a uma cultura de abertura. (Hocking 2007: 35-40)

A razão pela qual a abertura é uma necessidade para uma diplomacia pública bem sucedida não é apenas porque é dirigida a esferas públicas estrangeiras, mas também porque faz sentido envolver outras organizações em partes das estratégias da diplomacia pública. A cooperação com ONG, o sector privado (incluindo os meios de comunicação social) ou outras organizações governamentais (isto é, ministérios da educação, comércio/economia ou cultura) são todas formas óbvias de aumentar o impacto das estratégias, uma vez que os ministérios dos negócios estrangeiros terão inevitavelmente recursos e ligações limitadas. (van Ham 2003: 432-433) Estes grupos e organizações devem ser envolvidos em qualquer estratégia de diplomacia pública, uma vez que têm conhecimentos especializados em áreas que o Ministério dos Negócios Estrangeiros e o seu pessoal não possuem. Além disso, o envolvimento de ONG e da sociedade civil pode emprestar uma aura de credibilidade a iniciativas de diplomacia pública que os funcionários governamentais nunca poderiam fazer - especialmente em relação a grupos populacionais potencialmente hostis. O envolvimento de actores não estatais deve incluir indivíduos e organizações tanto nos países de envio como de recepção e pode incluir jornalistas, universidades, académicos individuais, empresários ou artistas, para citar apenas alguns. É muito interessante para os planeadores da diplomacia pública envolver pessoas e organizações do país de acolhimento na estratégia, mas será muitas vezes necessário *recrutar* primeiro pessoas no país de envio para dar credibilidade à iniciativa. Um dos maiores desafios da diplomacia tradicional será, portanto, envolver mais actores e ser mais aberto. (Riordan 2007: 90-91)

Três dimensões da diplomacia pública

As actividades de diplomacia pública podem ser divididas aproximadamente em três dimensões, dependendo das necessidades específicas em diferentes cenários. Estas três dimensões são reactivas, proactivas e de construção de relações - e podem centrar-se nos sectores político/militar, económico ou social/cultural ou numa combinação destes. A versão reactiva da prática da diplomacia pública centra-se na gestão de notícias e é uma estratégia a muito curto prazo para divulgar a opinião oficial do governo sobre todas as notícias que as afectam de alguma forma. A abordagem proactiva é uma estratégia a médio prazo para divulgar activamente notícias positivas sobre todas as notícias que os governos querem enviar - por exemplo, através da organização de eventos e actividades. Finalmente, a abordagem de construção de relações é a estratégia a longo prazo para criar, manter e melhorar as relações entre as pessoas estrangeiras e o país de origem. Isto requer anos de financiamento para programas, tais como a promoção de bolsas de estudo. As três dimensões são descritas em mais detalhe abaixo. (Leonard 2002: 10-11)

Gestão de notícias

Esta dimensão da diplomacia pública inclui uma estratégia de resposta a crises a curto prazo. A ideia básica por detrás desta abordagem é que quando algo acontece no mundo que pode afectar a percepção das pessoas sobre um governo, há necessidade de reagir rapidamente e assegurar que as posições oficiais do governo sejam explicadas e esclarecidas ao público. Um grande obstáculo a esta abordagem é que é muito difícil adaptar uma mensagem a um grupo específico de pessoas, porque a maioria das pessoas em todo o mundo tem acesso a mais ou menos a mesma informação e também ouvirá o que os funcionários governamentais têm a dizer sobre um determinado assunto. Isto pode ser muito bem ilustrado com a seguinte citação de Colin Powell sobre o seu tempo na Guerra do Golfo, na qual ele falou ao seu pessoal sobre o assunto:

"Lembre-se, quando estivermos lá fora na televisão e comunicarmos imediatamente em todo o mundo, estamos a falar com cinco ouvintes. Uma delas é a dos repórteres que fazem a pergunta - uma audiência importante. A segunda audiência são os americanos

a assistir. A terceira audiência, 170 capitais, que pode estar interessada no assunto. Em quarto lugar, está a falar com o seu inimigo. Tem sido uma situação única saber que o seu inimigo conhecerá mais claramente as suas intenções se o vir na televisão ao mesmo tempo que lhe transmite essa mensagem. E, em quinto lugar, estava a falar com as tropas. As suas vidas estavam em jogo". (Leonard 2002: 12-13)

Isto ilustra o dilema em que os profissionais da diplomacia pública se encontram quando confrontados com os meios de comunicação de massas convencionais. É problemático transmitir uma mensagem em retórica 20

que não seja mal compreendido por uma secção do público. Os planos da diplomacia pública podem ser facilmente abandonados em favor de um público interno agradável.

Uma forma de melhor direccionar a comunicação correcta para um público ou grupo estrangeiro seleccionado noutro país é aumentar o apoio e possivelmente o financiamento dos meios de comunicação locais. Ao dirigir mensagens relacionadas com a estratégia da diplomacia pública a uma audiência limitada através dos meios de comunicação locais, é mais fácil adaptar uma mensagem que produza um resultado satisfatório em relação a essa audiência local. Esta abordagem pode ser ainda melhorada se um dos locais transmitir esta mensagem, uma vez que o público acreditará mais num dos seus próprios representantes governamentais do que em representantes governamentais estrangeiros - especialmente em áreas hostis ao governo de envio. (Hoffman 2002: 91-93)

Comunicação estratégica

Esta dimensão da diplomacia pública representa a estratégia a médio prazo, que levará meses. Esta abordagem centra-se na definição da agenda de notícias, em vez de apenas reagir ao que está a acontecer. Isto pode ser feito através de eventos ou da organização de campanhas publicitárias - onde a diplomacia pública começa a sobrepor-se ao seu conceito relacionado de *marca da nação*. A estratégia de comunicação estratégica pode ter como objectivo melhorar as relações, quer nas esferas política, económica e cultural, quer numa combinação destas. Os eventos podem ser tudo, desde a realização dos Jogos Olímpicos a uma cimeira sobre o aquecimento global, dependendo da imagem que um país quer promover.

A principal diferença em relação à primeira dimensão é que, na segunda dimensão, o actor é capaz de melhor planear e ter em conta as mensagens que envia e de chegar mais facilmente às pessoas e organizações que pretende alcançar com a sua mensagem ou imagem. Um problema nesta área é agora que diferentes organizações governamentais têm frequentemente interesses divergentes sobre a imagem que querem promover. Um exemplo poderia ser se promover 21

promover os lados mais tradicionais de um país para promover o turismo ou os lados mais modernos para promover o investimento. (Leonard 2002: 11, 14-17)

Um exemplo em primeira mão foi o dilema enfrentado pelo departamento comercial da embaixada da Dinamarca no Japão quando publicou a revista *"Olá Dinamarca"* para o público japonês. Uma vez que os dois principais interesses da estratégia dinamarquesa em relação ao Japão eram atrair investimento e promover o turismo, tinham de promover a imagem de um país idílico com pequenas aldeias e um país tecnologicamente avançado em que valesse a pena investir.

construção de relações

A terceira e última dimensão da diplomacia pública é a construção de relações - esta é a estratégia a mais longo prazo e potencialmente a mais significativa. Os programas de construção de relações estendem-se por anos e têm como objectivo fornecer conhecimentos profundos a um grupo seleccionado de pessoas no seu próprio país através de vários programas, tais como bolsas de estudo e trabalho em rede. Um elemento notável desta abordagem é que a organização governamental de planeamento desempenha um papel secundário/facilitante, uma vez que a abordagem visa principalmente a construção de redes entre pessoas que partilham os mesmos interesses através das fronteiras - sejam eles políticos, académicos, artistas ou empresários. Um esforço verdadeiramente bem sucedido de construção de relações diplomáticas públicas será muito dispendioso, pois terá de gerir, planear e patrocinar o intercâmbio de um número significativo de pessoas a fim de ter um impacto adequado. (Leonard 2002: 18-20)

Provavelmente, o programa mais importante para a construção de relações é o intercâmbio educacional. Quando os governos criam condições favoráveis para os estrangeiros que vêm para o seu país durante meses ou anos para estudar, têm a certeza de obter uma imagem diferenciada do país em que se encontram. Podem então agir como *embaixadores de facto* para o país onde estiveram junto dos seus amigos ou famílias. Um bónus adicional é que algumas destas pessoas que desfrutaram dos benefícios de tal programa de intercâmbio poderiam subir para posições de destaque nos seus próprios países. Estima-se que 1500 ministros e 200 chefes de estado actuais e antigos tenham participado no Programa de Visitantes Internacionais Americanos. (Ross 2003: 27)

Uma área potencialmente muito importante para a criação de ligações e promoção da comunicação é a que existe entre os partidos políticos através das fronteiras. Facilitar reuniões entre membros de partidos políticos semelhantes, e não apenas entre funcionários do governo e membros do gabinete, é susceptível de conduzir a um melhor entendimento entre políticos, mas pode, em segundo lugar, afectar a mensagem que estes políticos enviam aos seus respectivos círculos eleitorais. Um exemplo disto é a Fundação Konrad Adenauer, uma organização alemã que promove contactos entre partidos democratas-cristãos em diferentes países e é financiada pelo Estado. (Leonard 2002b: 55)

Nação Branding

A marca tem sido uma palavra-chave no mundo empresarial durante anos, e as empresas - grandes e pequenas - investiram recursos consideráveis na criação da sua própria marca e no aumento da notoriedade da marca. Não demora muito tempo até que esta abordagem de marketing se espalhe ao sector governamental e à prática da *marca de localização* surja, com os governos a contratarem consultores de marca do sector privado. Esta nova tendência surgiu na encruzilhada das relações públicas e das relações internacionais e deve, portanto, ser vista no contexto de outras abordagens comunicativas das relações internacionais. (van Ham 2002: 249)

A crescente globalização levou a uma concorrência cada vez mais acirrada entre Estados, uma vez que se tornou cada vez mais difícil destacar-se dos restantes, pelo que os governos têm procurado formas de aumentar a sua própria vantagem competitiva relativa sobre os seus vizinhos. A marca da nação tem sido uma forma bem-vinda de se diferenciarem de outros países comparáveis. Neste capítulo vamos analisar mais detalhadamente como surgiu a marca da nação e como esta é praticada. (Cerny 2007: 272-273) A ideia de marca nacional e o *estado da marca* não é, de certa forma, um conceito tão novo. De certa forma, a criação de nações é, por si só, uma espécie de marca. Quando os estados começaram a transformar-se em estados nacionais, especialmente no século XIX, muitas estratégias foram utilizadas que eram semelhantes às estratégias de branding. A criação de uma bandeira nacional, de um hino nacional ou de uma constituição ajudou a distinguir o país dos outros e criou uma espécie de identidade nacional tanto para as pessoas que olham para o Estado a partir do exterior como para os seus cidadãos. (van Ham 2002: 259-260)

Uma das principais diferenças entre a criação de nações no século XIX e a marca nacional no século XXI é que a criação de ideias nacionais foi principalmente planeada para influenciar os habitantes do Estado, enquanto que as iniciativas de marca nacional são dirigidas ao público e às empresas estrangeiras.

Sobre o desenvolvimento da marca

Antes de prosseguir, é necessário examinar o conceito de marca como tal antes de o colocar num contexto nacional e internacional. A marca é, na sua origem, parte de uma terminologia publicitária. A publicidade tenta transmitir a mensagem de que um determinado produto tem uma certa qualidade ou promover o conhecimento do produto.

A marca vai um passo mais além ao acrescentar um certo valor emocional ao produto e ao fazer com que o produto conte uma história. Isto pode não ter necessariamente nada a ver com a função primária do produto enquanto tal, e a qualidade pode não ser necessariamente melhor do que a de produtos semelhantes. A percepção do produto pelas pessoas é o que conta, e ao acrescentar algum tipo de valor emocional ao produto, este destaca-se de outros produtos porque tem a sua própria história para contar ao consumidor. Com estratégias de marca bem sucedidas e um maior reconhecimento da marca, receberá valor acrescentado.

A ideia por detrás da marca de nação ou localização é acrescentar valor a um país, região ou organização. O valor acrescentado resulta da percepção geral que as pessoas em todo o mundo têm do país. Poderiam vê-lo como um país amigo do ambiente, um país tecnologicamente desenvolvido ou um país muito artístico. A marca da nação é o esforço consciente dos funcionários governamentais para definir/definir a forma como as pessoas compreendem e vêem o seu país. (van Ham 2004: 2-3)

Sugere-se que existem quatro razões principais para pensar na criação de uma marca

" ■■■*(1) Os produtos, serviços e localizações tornaram-se tão semelhantes que já não se podem distinguir pela sua qualidade, fiabilidade e outras características básicas. A marca dá a estes "produtos" emoções e confiança, fornecendo assim pistas que tornam a escolha um pouco mais fácil para os consumidores; (2) esta relação emocional entre marca e consumidor assegura a lealdade à marca; (3) ao criar um estilo de vida emergente, a marca fornece uma espécie de substituto para ideologias e programas políticos que perderam a sua relevância; e (4) a combinação de emoções, relações e estilo de vida (valores) permite a uma marca cobrar um prémio pelos seus produtos, serviços e locais que de outra forma dificilmente seriam distinguíveis dos produtos genéricos.* (van Ham 2002: 251)

Em suma, portanto, estas razões para a realização de campanhas de marca são para diferenciar o local de tantos outros locais semelhantes, tornando assim a percepção das pessoas do local mais favorável do que a de qualquer outro local, e para assegurar que consideram o local ao planearem umas férias, ao considerarem onde investir ou interagir de outra forma com o local. Ao ligar valores ao local, haverá também valor acrescentado e as pessoas pagarão muito mais para ir para uma ilha de férias em vez da ilha vizinha, porque tem um perfil mais elevado.

Limites da Marca da Nação

Não é possível que um Estado decida completamente livremente que imagem quer apresentar ao mundo exterior, uma vez que as pessoas em todo o mundo provavelmente já têm alguma ideia do país. Estas percepções estendem-se a ambos os países dos quais as pessoas podem saber muito, por exemplo, que a Alemanha é um país rigoroso e eficiente, ou que a Grã-Bretanha é um país conservador e tradicionalista, ou a países dos quais as pessoas podem ter apenas uma ideia fraca. A Estónia, por exemplo, tem lutado para se livrar do estigma de ser um Estado pós-soviético, tentando marcar a si própria como um Estado pré-UE ou escandinavo. Estas visões comuns sobre um país podem ser boas ou más para um país, e o Estado pode portanto tentar livrar-se deste estigma ou melhorar a sua imagem. A marca alemã, por exemplo, tem sido economicamente boa para o sector automóvel, uma vez que os carros *fabricados na Alemanha* terão um valor percebido mais elevado do que os carros fabricados na Ucrânia - é menos importante se o carro alemão é realmente melhor do que o ucraniano. O Reino Unido, por outro lado, tinha geralmente uma marca economicamente pobre, o que levou a British Airways e a British Telecom, por exemplo, a mudar os seus nomes para BA e BT para esconder o seu país de origem. (van Ham 2002: 261-263)

Planeamento de campanhas de branding

O planeamento de campanhas de marca da nação levanta várias áreas que precisam de ser consideradas. Um ponto principal é considerar o que interessa a um país e ao seu povo em primeiro lugar. Embora as campanhas de marca da nação possam ser concebidas para promover as artes ou actividades culturais de um país, existem normalmente três áreas principais de enfoque ao planear uma campanha de marca da nação - a promoção do investimento directo estrangeiro, as exportações ou o turismo. A estratégia, que visa principalmente aumentar as exportações, promove geralmente uma campanha de branding que valoriza as indústrias chave de um país - sejam elas automóveis, produtos agrícolas ou a indústria do entretenimento. Uma campanha destinada a atrair mais investimento directo estrangeiro é susceptível de ser mais centrada no Estado através de campanhas publicitárias nos meios de comunicação relevantes. Finalmente, uma campanha de marca centrada no turismo adoptará frequentemente uma abordagem completamente diferente de uma campanha orientada para a exportação, uma vez que procura assinalar valores diferentes. Ao considerar como orquestrar uma campanha de marca a nível nacional, será muito provavelmente muito mal sucedida se estiver baseada apenas em instituições governamentais, mas deve ser planeada tanto pelo sector público como privado, e o envolvimento de locais/organizações culturais será também de grande interesse. (Olins 2007: 172-179)

Diplomacia cultural

A terceira e última abordagem diplomática comunicativa a ser examinada é a da diplomacia cultural. A diplomacia cultural difere dos outros dois conceitos - diplomacia pública e marca da nação - na medida em que não é um conceito bastante novo como os outros, mas é tão antigo como a própria diplomacia tradicional. No cultivo das relações entre estados, teria havido sempre uma troca de ideias, língua, arte e religião, para citar apenas algumas. (Arndt 2005: 1-2)

A diplomacia cultural é, em suma, o esforço oficial para facilitar o intercâmbio e a disseminação da cultura em todo o mundo, seja nos campos da música, da arte, da filosofia ou dos valores. O esforço de divulgar a própria cultura pode ter várias causas, tais como a promoção económica ou a esperança de transferir os próprios valores para pessoas de outros países e assim criar melhores relações. Por esta razão, a diplomacia cultural pode ser vista como uma diplomacia pública altamente sobreposta. (Departamento de Estado dos E.U.A. 2005: 1-7)

Governos diferentes atribuem uma importância muito diferente à diplomacia cultural, mas esta tem sido frequentemente uma área bastante negligenciada em comparação com actividades diplomáticas mais tradicionais. Nos Estados Unidos, por exemplo, tem sido uma área severamente negligenciada desde o fim da Guerra Fria apesar da retórica em contrário - a diplomacia cultural sofreu vários cortes orçamentais significativos nos anos 90, e a organização diplomática cultural USIA foi mesmo encerrada. Outros países têm prosseguido uma diplomacia cultural mais bem sucedida do que os Estados Unidos - incluindo o Reino Unido, a Alemanha e a antiga União Soviética. O mais notável, porém, é a França, com despesas anuais em diplomacia cultural superiores a mil milhões de dólares, e as posições na diplomacia cultural francesa são altamente prestigiosas. (Schneider 2007: 156-158)

Um ponto importante sobre a diplomacia cultural e o intercâmbio cultural é que o intercâmbio cultural não significa necessariamente diplomacia cultural. A palavra-chave a este respeito é diplomacia - o intercâmbio cultural deve basear-se numa iniciativa oficial, a fim de ser classificado como diplomacia cultural. A razão para isto é que, embora o intercâmbio cultural não oficial possa proporcionar os mesmos ou melhores benefícios que os intercâmbios oficialmente planeados e financiados, é demasiado imprevisível e imprevisível para medir o sucesso ou o fracasso da aproximação cultural. (Andreasen 2007: 62-63)

A citação seguinte descreve a definição e o significado da diplomacia cultural da seguinte forma:

"A diplomacia cultural pode ser definida como a utilização de vários elementos da cultura para influenciar audiências estrangeiras, formadores de opinião e mesmo líderes estrangeiros. Estes elementos incluem toda a gama de características dentro de uma cultura: incluindo as artes, educação, ideias, história, ciência, medicina, tecnologia, religião, costumes, costumes, comércio, filantropia, desporto, língua, profissões, hobbies, etc., e os vários meios através dos quais estes elementos podem ser veiculados. A diplomacia cultural tenta aproveitar estes elementos para influenciar os estrangeiros de várias maneiras: ter uma visão positiva dos Estados Unidos, do seu

povo, da sua cultura, da sua política...". (Lenczowski 2007: 196)

Isto mostra quão diversificado é o campo da diplomacia cultural e quão grande é a área sobre a qual ela pode ter influência. Dá também uma melhor ideia de quão estreitamente esta área está ligada à da diplomacia pública. Sobrepõem-se claramente em várias áreas, mesmo que não sejam idênticas.

Na sequência destas apresentações de diplomacia pública, marca da nação e diplomacia cultural, as três teorias utilizadas na análise - nomeadamente poder suave, neorealismo e construtivismo - são apresentadas em detalhe.

Teoria

Neste capítulo são apresentadas e discutidas as três teorias utilizadas como instrumentos de análise. É apresentado o primeiro neoliberalismo e em particular o conceito de poder suave desenvolvido pelo proeminente teórico neoliberal Joseph S. Nye. Esta secção explica como a diplomacia pública pode potencialmente actuar como um instrumento do Estado para promover o seu poder de atracção - o poder de atracção - e como este poder é tão relevante como o poder duro dos militares e da economia.

A segunda teoria que é apresentada é o Neorealismo baseado principalmente na valsa de Kenneth. O uso do neorealismo destina-se principalmente a manter uma abordagem crítica da diplomacia pública e a manter um contra-argumento às outras duas teorias, que são mais positivas para a diplomacia pública. O neorealismo não atribuirá grande importância à diplomacia pública - na melhor das hipóteses será um apêndice decente à verdadeira política de poder.

A terceira e última teoria apresentada é o construtivismo, tal como desenvolvido por Alexander Wendt. Esta teoria romperá tanto com o neoliberalismo como com o neorealismo e será capaz de proporcionar a abordagem mais positiva da diplomacia pública, uma vez que o construtivismo é possivelmente a teoria mais aberta das relações internacionais a potenciais mudanças nos mecanismos mais fundamentais dos assuntos internacionais.

A apresentação das três teorias é seguida do capítulo analítico, que tenta aplicar cada teoria aos campos da diplomacia pública, da marca da nação e da diplomacia cultural.

Poder suave

Um dos conceitos centrais de Joseph S. Nye, um dos teóricos mais proeminentes dentro da teoria neoliberal, é o poder suave. Este conceito foi apresentado pela primeira vez em *Bound to Lead* em 1990 e desde então tem sido desenvolvido até à sua forma final, tal como apresentado em *Soft Power - os meios para o sucesso na política mundial a* partir de 2004. O poder suave pode ser melhor explicado através do seu contraste com o seu homólogo - o poder duro. Onde o "hard power" é caracterizado pelo uso de mera força e coerção para atingir determinados objectivos, o "soft power" mais indirecto é uma forma de atingir o objectivo através da persuasão e cooperação - o "soft power" utiliza cenouras em vez de paus, por assim dizer. No entanto, ambos têm o termo poder em comum. (Nye 2004: xi, 5-6)

Joseph S. Nye foi educado nas Universidades de Princeton, Oxford e Harvard e tem publicado trabalhos sobre a teoria das relações internacionais desde os anos 70. Até à data, tem sido altamente produtivo com vários artigos publicados e capítulos de livros por ano - 45 só em 2008. Entre os cargos não académicos que ocupou estão o Secretário Adjunto da Defesa para os Assuntos de Segurança Internacional, Presidente do Conselho Nacional de Inteligência, e Subsecretário de Estado Adjunto para a Assistência à Segurança, Ciência e Tecnologia. (Harvard - Kennedy School)

Energia

É muito difícil definir o conceito central de *poder em termos* concretos. Uma tentativa de tornar o conceito de poder mais objectivamente mensurável seria olhar para os *recursos de poder de um* Estado - isto poderia incluir a força militar e económica, a dimensão do território e da população, ou a riqueza dos recursos naturais. Esta pode ser uma abordagem útil se o poder for definido como a capacidade de obter o que se quer. No entanto, esta abordagem à compreensão e medição do poder parece ser deficiente. Alguns países que se destacam em muitos destes parâmetros mensuráveis não têm o poder que deveriam ter com base nos seus recursos - um exemplo disto poderia ser o Japão desde os anos 60. O Japão, com a segunda maior economia do mundo, uma grande população e tecnologia avançada, é muitas vezes descrito como um gigante económico mas um anão político. No outro extremo do espectro, alguns países parecem ser mais poderosos do que os seus recursos objectivamente mensuráveis justificariam. As razões para esta discrepância podem ser explicadas por diferentes capacidades de engano ou por um desempenho convincente que é mais forte do que justificado pelos recursos. Outro factor a ter em conta é ver os recursos como poder potencial, e este deve ser *mobilizado* para o poder realizado. Antes de os recursos serem orientados para aumentar o poder de um Estado, isto não significa realmente poder. (Nye 1991: 26-27)

Tradicionalmente, o verdadeiro teste ao poder de um país seria a sua capacidade de travar uma guerra. No entanto, a base desta capacidade mudou ao longo do tempo. Na sociedade pré-industrial dos séculos XVII e XVIII, a capacidade de travar uma guerra baseava-se principalmente numa grande população que fornecia mão-de-obra e uma base fiscal para o recrutamento de mercenários - razão pela qual a França era a principal potência na Europa naquela época. Isto é melhor ilustrado durante o reinado de Luís XIV, o Rei Sol, culminando em Napoleão Bonaparte, onde os principais recursos de poder começaram a mudar com o início da Revolução Industrial. À medida que a capacidade de produção industrial e a administração eficiente se tornaram mais importantes do que o tamanho da população e a pura mão-de-obra se tornou a base do poder, os centros de poder mudaram para o Império Britânico e um pouco mais tarde para a Alemanha. No final do século XIX, a capacidade industrial dos EUA e da URSS tinha crescido muito para além das potências tradicionais do *velho mundo,* e as armas nucleares e os seus meios de entrega eram agora um factor de potência adicional. Desde então, a compreensão tradicional do poder como a capacidade de travar uma guerra mudou consideravelmente. O terrível poder destrutivo das armas nucleares foi uma das razões para isto, uma vez que se tinha tornado demasiado caro e arriscado para as grandes potências resolverem as suas disputas no campo de batalha. Outras razões incluem o facto de que elevadas perdas na sociedade pós-industrial são muito menos aceitáveis para a população local, que a expansão territorial é muito mais difícil num mundo mais desperto a nível nacional, e que o crescimento económico depende frequentemente da reputação de um Estado e das suas relações com outros Estados. (Nye 2002: 5-7)

Esta mudança nos recursos energéticos é ilustrada em detalhe no quadro abaixo, que enumera os principais estados de cada século e os vários recursos energéticos que utilizaram para alcançar este estatuto. Joseph S. Nye também incluiu a sua previsão para o século [XXI]. Um detalhe interessante neste quadro é a emergência gradual de várias formas de soft power como um importante recurso de poder:

Período	*Estado*	*Recursos importantes*
Século XVI	Espanha	Ouro em barras de ouro , colonial Comércio, exércitos
Século XVII	Países Baixos	Comércio, mercados de capitais, marinha
Século XVIII	França	População, indústria rural, administração pública , Exército, cultura (soft
Século XIX	Grã-Bretanha	Indústria, política Coesão, finanças e crédito, marinha, padrões liberais (soft power), ilha

Século XX	Estados Unidos da América	Escala económica, liderança científica e técnica, localização, forças armadas e alianças , cultura universalista e liberalinternacional Regime (soft power)
Século XXI	Estados Unidos da América	Liderança tecnológica, militar e económica Extensão, poder suave, centro da comunicação transnacional

(Nye 2002: 13)

O entendimento de que os recursos por si só não determinam necessariamente se um Estado é poderoso ou não, deveria haver outras formas de ver e determinar o poder nas relações internacionais. Isto pode consistir em vê-lo como uma forma de alcançar os seus objectivos. A forma mais directa de o conseguir é impor a sua vontade através do uso da força militar ou da ameaça da força militar. Outra forma de alcançar o que se pretende seria utilizar a força económica de um Estado através da ameaça de sanções, suborno, etc. A última e mais subtil forma de conseguir o que se quer e conseguir que outros actores mudem o seu comportamento não é forçá-los, mas sim convencê-los. Convença-os de que o seu objectivo é o mesmo que o objectivo deles. Este é o pano de fundo da divisão entre o poder duro - militar e económico[2] - e o poder suave, que é, por assim dizer, o poder de atracção. (Mead 2004)

Ver o poder de uma forma que faça outro agente fazer o que de outra forma não teria feito é uma forma útil de explicar tanto o poder duro como o poder suave, mesmo que tenha um alçapão inerente. E se o alvo para este exercício de poder - duro ou mole - já tivesse feito o que está a ser forçado ou persuadido a fazer? Então, de repente, é muito difícil determinar se a tentativa de utilizar as ferramentas do poder duro e suave foi ou não o factor decisivo para alcançar o resultado alcançado, e assim é difícil determinar se a pessoa que exerce o poder tem ou não realmente poder sobre o outro agente. Isto é especialmente verdade para o soft power, que pela sua natureza é mais subtil do que as ferramentas do hard power. (Nye 2004: 2)

Os três tabuleiros de xadrez do poder

Joseph S. Nye desenvolveu um modelo para melhor compreender o equilíbrio de poder nas relações internacionais, incluindo o poder suave. Este modelo é ver a luta internacional pelo poder como um jogo de xadrez - mas jogado não apenas num

---

[2] Os dois lados do poder duro foram posteriormente distinguidos por Walter Russell Mead em *"America's Sticky Power"* entre o poder (militar) e o poder (económico) pegajoso - mas esta distinção adicional tem apenas uma relevância limitada para o tema da tese e, portanto, não será mais elaborada.

tabuleiro, mas em três tabuleiros interligados. O quadro superior é a luta clássica entre estados pela supremacia militar e centra-se na política de segurança, construção de alianças, manutenção do equilíbrio de poder, etc. O segundo quadro é o jogo do crescimento económico, que pode envolver qualquer coisa no campo da política financeira e económica - acordos comerciais, leis anti-trust, etc. O jogo de tabuleiro inferior do poder é dedicado a uma variedade de questões internacionais, tais como o crime internacional, as alterações climáticas ou, por exemplo, os Jogos Olímpicos. O poder suave entra em jogo neste quadro. No entanto, alguns actores políticos não reconhecem outras esferas para além do clássico jogo de poder dos músculos militares[3] - um erro que pode ter consequências graves para a reputação do Estado nas outras duas esferas. (Nye 2004: 4-5)

O Quadro 1 seguinte mostra a distribuição tripartida das formas de poder descritas por Joseph S. Nye, cada uma das quais com palavras-chave relacionadas com o tipo de comportamento, moedas primárias e política governamental. Isto mostra como o poder suave difere de facto significativamente dos outros dois. Onde tanto o poder militar como o poder económico utilizam meios muito directos para ganhar poder, o soft power utiliza meios mais subtis que são difíceis de avaliar. Quando os dois tipos de "poder duro" são referidos por termos como coerção, dissuasão, sanções e ameaças, as palavras-chave de "poder suave" são atracção, valores e cultura. Talvez o mais importante na tabela seja a grande quantidade de moedas primárias que o soft power engloba - valores, cultura, políticas e instituições - enquanto a política governamental se limita à diplomacia. Esta é uma área que será examinada em mais pormenor mais adiante neste capítulo.

	Conduta	Moedas primárias	Governo Directrizes

---

[3] Este ponto é bem ilustrado pela famosa citação de Joseph Stalin: *"O Papa? Quantas divisões tem ele"?* Aqui Estaline aparentemente só reconheceu o poder militar e não a vasta quantidade de poder suave que o papado possui.

Poder militar	Protecção contra a coerção como dissuasor	Ameaças Poder	Diplomacia forçada Guerra Aliança
Poder económico	Coacção à coacção	Sanções por pagamentos	Ajuda Subornos Sanções
Poder suave	Definição da Agenda de Atracção	Valores Instituições de Política Cultural	Diplomacia pública bilateral e diplomacia multilateral

(Nye 2004: 31)

Como mencionado acima, há uma interacção entre os três tabuleiros de xadrez do poder. A utilização de energia dura sem analisar possíveis efeitos no seu poder suave pode ser muito contraproducente. Mesmo que um actor estatal tenha significativamente mais poder militar do que qualquer potencial adversário, o uso irrestrito da força pode levar à desconfiança, alienação de aliados e neutros e assim restringir a liberdade de acção do actor estatal a longo prazo, a fim de restaurar a boa vontade, evitar possíveis sanções ou boicotes e, em última análise, impedir uma formação de aliança pouco amistosa para criar um equilíbrio de poder. O exemplo clássico de alguns destes pontos é a invasão americana do Iraque em 2003. Outro dos muitos exemplos de uma época em que um actor estatal ignorou a importância do soft power, que por sua vez levou a repercussões noutras áreas, foi a China após o massacre da Praça Tiananmen em 1989, que destruiu o apelo da China e a atingiu duramente na esfera económica com embargos e boicotes comerciais. (Nye 2004: 25-29) Importância crescente do poder suave

Como já foi mencionado, o poder suave tem gradualmente ganho importância para os estados que lutam pelo poder. Esta tendência continuará a crescer exponencialmente no amanhecer da era global da informação, quando o acesso aos canais de informação mais vastos e abrangentes será um factor decisivo para determinar quem irá experimentar o crescimento mais rápido do soft power. No entanto, o acesso aos canais de informação mais vastos e abrangentes não será o único factor determinante para o crescimento do soft power - dois outros factores gerais são também muito importantes. A primeira delas é que um Estado com um background ideológico da sua cultura dominante que esteja mais próximo das normas e valores globais geralmente prevalecentes de um determinado tempo terá um poder mais suave do que um Estado com uma cultura dominante que está muito afastado das normas globais. Os valores chave no mundo actual incluem conceitos como pluralismo e liberalismo - é portanto improvável que um estado que esteja muito afastado destes valores tenha sucesso no campo do soft power, uma vez que não parecerá muito atractivo para o público global em geral. Se um Estado não for um verdadeiro defensor destes valores, terá pelo menos de fingir apoiá-los se tiver algum interesse neles e reconhecer a importância do poder suave. O segundo factor importante para o sucesso de um Estado na área do soft power é reforçar a sua própria credibilidade - o que pode ser conseguido tanto através de acções nacionais como internacionais. Se um Estado vive geralmente à altura das expectativas e pratica o que prega, as suas hipóteses de ganhar um poder suave a longo prazo aumentam consideravelmente. (Nye 2002: 69-73)

Poder suave e diplomacia pública

Agora que já tratámos da apresentação do conceito de "soft power", da sua interacção com as duas formas de "hard power" e da importância crescente do "soft power" na era global da informação, é necessária mais investigação para determinar de que fontes provém realmente o "soft power" e que instrumentos directos podem ser conducentes ao crescimento do "soft power" para um Estado. Deve ser investigado até que ponto o Estado é realmente capaz de controlar directamente o seu progresso em soft power ou a sua falta dele.

Nas duas principais formas de hard power - militar e económica - o Estado tem uma influência directa muito grande no desenvolvimento dos recursos energéticos através de diferentes políticas económicas, acordos comerciais vantajosos, subsídios para alcançar avanços tecnológicos, ou o desenvolvimento de doutrinas militares mais eficientes, para citar apenas alguns exemplos. Contudo, o poder suave não é tão simples, pois envolve conceitos bastante incontroláveis, tais como cultura e valores. Muitos dos recursos de poder suave de um país têm pouco ou nada a ver com o Estado, sejam escritores famosos, pintores, arquitectos ou cantores, belezas naturais, meios de comunicação de massas importantes ou marcas bem conhecidas. Muitas das fontes de poder suave não são, portanto, determinadas por acções directas do aparelho de Estado, mas sim pelo povo e pelo país em que vivem. (Mead 2004: 51)

Portanto, parece que o Estado tem pouco a ver com o poder suave que tem, o que, claro, não é o caso. O poder suave é mais do que apenas uma questão de quais os estados que tiveram a sorte de ter a maioria dos lados que atraem pessoas de todo o mundo. O soft power tem mais a oferecer do que a cultura, e é um erro ver o soft power como um resultado directo da cultura, mesmo que a cultura seja propícia ao seu crescimento. As outras duas principais fontes de soft power são a política externa e os valores políticos gerais. (Nye 2004: 11)

Os valores políticos gerais e a política externa podem estar ambos ligados à política governamental. Estas políticas podem, como já foi mencionado, reduzir o "poder suave" de um Estado - por exemplo, cometendo atrocidades ou demonstrando arrogância perante as opiniões de outros. No entanto, o oposto também pode ser o caso. Tanto as políticas internas como externas do governo podem ajudar a reforçar o poder brando de um país se estas políticas ajudarem a torná-lo mais atractivo para os grupos populacionais. Exemplos disto podem ser contribuições comparativamente generosas para a ajuda ao desenvolvimento, um perfil forte nas operações de manutenção da paz ou um tratamento tolerante e justo das minorias indígenas. Valores políticos mais gerais reflectem também o crescimento ou declínio do poder suave - um registo limpo da democracia e do Estado de direito, por exemplo, beneficiará geralmente o crescimento do poder suave. (Nye 2004: 13-15)

Um dos instrumentos aparentemente mais eficazes para reforçar o soft power, que provavelmente seria um grande erro se fosse negligenciado, é a diplomacia pública. Embora a diplomacia pública em si não seja uma fonte primária de soft power, é uma das ferramentas mais directas que um Estado tem para se comercializar junto do público estrangeiro. Mesmo que um Estado tente agir de forma a aumentar o seu "poder suave", esta tentativa pode não ser bem sucedida, ou pode ser chamada mais atenção para acções negativas por parte do mesmo Estado. Aqui, o papel da diplomacia pública é centrar a atenção nos aspectos positivos de um país, não através de mera propaganda, que está irremediavelmente ultrapassada, mas sim através do diálogo. (Nye 2004: 105-107)

Em resumo, a lógica subjacente ao conceito de "soft power" é que este mesmo conceito é crucial para o sucesso e, em última análise, para a própria existência da diplomacia pública. O poder suave é a *razão de ser* da diplomacia pública porque a diplomacia pública procura aumentar a atractividade de um país, o que significa que a atractividade é importante, ou seja, que vale a pena ser competitiva. Se vale a pena competir pela atractividade, esta deve incluir uma certa quantidade de poder - soft power.

Neorealismo

A próxima teoria apresentada e utilizada neste trabalho é a do neorealismo. O realismo tem a mais longa tradição nas teorias das relações internacionais e remonta a Tucídides e Maquiavel, que se desenvolveram pela primeira vez a partir da observação do estadismo e do comportamento diplomático. (Gilpin 1986: 307) O âmbito desta apresentação, contudo, corresponderá ao do Neorealismo, que - como o seu nome sugere - é um ramo mais recente do realismo, mais orientado cientificamente do que o seu homólogo mais antigo e com um âmbito mais vasto do que apenas a política de segurança, uma vez que também inclui aspectos como factores económicos ou teoria social. (Ashley 1986: 260-261)

O teórico utilizado principalmente nesta secção é Kenneth N. Waltz (1924-), o fundador e mais proeminente defensor da abordagem neo-realista. O seu trabalho centra-se principalmente na dissuasão nuclear e nas causas de conflito no sistema internacional -

uma área em que tem vindo a trabalhar nas últimas cinco décadas. Tem estado activo no ensino na Universidade de Columbia, Berkeley, Brandeis e Swarthmore, e foi professor visitante na London School of Economics, Harvard e Universidade de Pequim. Ao longo da sua carreira, tem sido controverso sobre o seu ponto de vista realista e controverso sobre os efeitos positivos da progressiva proliferação nuclear. (Notícias da Universidade de Columbia)

No seu trabalho anterior *Homem, o Estado e a Guerra - uma análise teórica* originalmente datada de 1959, ele examina as causas da guerra entre Estados, que constitui a base de toda a sua estrutura teórica. Ele divide os principais modelos explicativos para as causas da guerra em três chamadas imagens - (a) o comportamento humano, (b) a estrutura interna dos estados e (c) a anarquia internacional. Segue-se uma breve introdução a estes três modelos explicativos antes de serem examinadas as implicações posteriores desta visão de base. (Walzer 2001: 1-15)

Comportamento humano

A primeira imagem que Waltz apresenta na sua obra é o comportamento humano - a ideia de que a razão para a existência de conflito e guerra reside na própria natureza humana. A razão surge do comportamento *perverso* e por vezes irracional das pessoas. Entre os seguidores deste cordão encontram-se pessimistas e optimistas. Os optimistas acreditam que é possível criar um mundo pacífico através da mudança do comportamento humano. Dependendo do teorista ou filósofo que o possa fazer através da educação, do despertar religioso ou da doutrinação política. Os pessimistas, por outro lado, são mais cépticos quanto à medida em que é possível criar um mundo pacífico do que à impossibilidade de mudar a própria natureza humana. (Walzer 2001: 39-41)

Segundo Waltz, tanto os pessimistas como especialmente os optimistas estão completamente errados - porque se concentram demasiado no próprio indivíduo e não no seu ambiente. Negligenciam a arena em que os actores se encontram e a dimensão do papel que desempenham - seja a estrutura dos Estados ou todo o sistema de relações internacionais. Curiosamente, os optimistas em geral sugerem que mudar os indivíduos para criar um mundo mais harmonioso exigiria alguma mudança no ambiente em que os actores individuais operam - isto por si só prova que os behavioristas humanos estão errados, uma vez que eles próprios suspeitam em parte que os efeitos causais se encontram no sistema e não no actor enquanto tal. (Walzer 2001: 75-79)

Estrutura do Estado

A segunda imagem que a Valsa apresenta como explicação para a emergência do conflito e da guerra nas relações internacionais é a estrutura interna dos Estados. Isto refere-se à ideia de que a causa dos conflitos reside, por exemplo, na forma de governo de um Estado. Alguns acreditam que se todos os países fossem democracias, a causa do conflito armado desapareceria, alguns pensam o mesmo sobre os países comunistas e outros ainda acreditam que o absolutismo esclarecido é o caminho certo a seguir. A lista pode continuar infinitamente, mas todos partilham a mesma ideia básica de que é a forma errada de governo que causa a miséria no mundo.

Na sua apresentação do segundo quadro, Waltz sublinha que, ao contrário das ideias dos apoiantes do segundo quadro, ainda existiam conflitos entre democracias ou entre estados comunistas. Além disso, salienta-se que mesmo que a estrutura interna do Estado tenha uma grande influência na forma como o Estado actua, não pode ser avaliada como se não fizesse parte do ambiente internacional dos Estados. Trata-se, por assim dizer, de olhar mais para o ambiente internacional do que para a estrutura interna do próprio Estado, que é o factor importante na procura das causas do conflito - isto levar-nos-á, portanto, ao terceiro quadro da análise de Waltz. (Valsa 2001: 120-123)

Anarquia Internacional

A terceira imagem que a Valsa apresenta como causa de conflitos nas relações internacionais é a anarquia internacional. A anarquia internacional dos Estados existe porque não existe um governo mundial ou autoridade suprema que possa controlar o comportamento dos actores estatais. Isto significa que os Estados farão tudo o que estiver ao seu alcance para assegurar os seus interesses, tais como a sobrevivência e o aumento do poder - incluindo o possível uso da força. Com o subsequente declínio na percepção geral da segurança, um ambiente anárquico só terminará quando um poder superior mantiver a acção do estado sob controlo. Isto não é muito diferente da anarquia a nível nacional, que a Valsa assume que existiria se não houvesse um Estado a controlar o povo. Nesta perspectiva, é uma autoridade superior comum que impedirá o uso da força entre os actores. Onde os actores são indivíduos, é o Estado; onde os actores são o Estado, será um governo mundial. (Walzer 2001: 159-161, 173)

Como comentário final no Homem, o Staats- und Kriegswalzer resume a sua posição da seguinte forma:

"Cada Estado persegue os seus próprios interesses, por muito definidos que sejam, da forma que melhor pode julgar. A violência é um meio de alcançar os objectivos externos dos Estados porque não existe um processo consistente e fiável para equilibrar os conflitos de interesse que inevitavelmente surgem entre entidades semelhantes num estado de anarquia. Uma política externa baseada nesta imagem das relações internacionais não é moral nem imoral, mas apenas encarna uma resposta racional para o mundo que nos rodeia. A terceira imagem descreve o quadro da política mundial, mas sem a primeira e segunda imagens não pode haver conhecimento das forças que determinam a política; a primeira e segunda imagens descrevem as forças na política mundial, mas sem a terceira imagem é impossível avaliar a sua importância ou prever os seus resultados". (Walzer 2001: 238)

Neste trabalho inicial da Waltz, por exemplo, ele não descarta completamente a primeira e a segunda imagens a favor da terceira. A primeira e a segunda imagens assemelham-se antes ao conteúdo que exigirá acção e reacção entre Estados - quer seja a natureza de um chefe de Estado ou mudanças na estrutura política interna de um Estado. A terceira imagem, porém, representa o mecanismo da teoria, e é nesta área que se realiza a análise teórica propriamente dita. Independentemente das ideias de um Napoleão ou de um

Bismarck, ou qual o partido político que ganha uma eleição ou que provoca uma revolução, é o contexto internacional da anarquia e da auto-ajuda que deve ser o verdadeiro objecto da análise.

O sistema político internacional

Para ilustrar a visão neo-realista das relações internacionais, será útil utilizar alguns gráficos. A primeira mostra como a maioria das pessoas vê as relações internacionais / política. Aqui N1, 2, 3 mostra o que está a acontecer nos Estados internamente, o que terá influência no seu comportamento internacional. O comportamento internacional dos Estados é mostrado em X1, 2, 3, que representa as suas acções externas umas em relação às outras e como estas acções influenciam os outros actores.

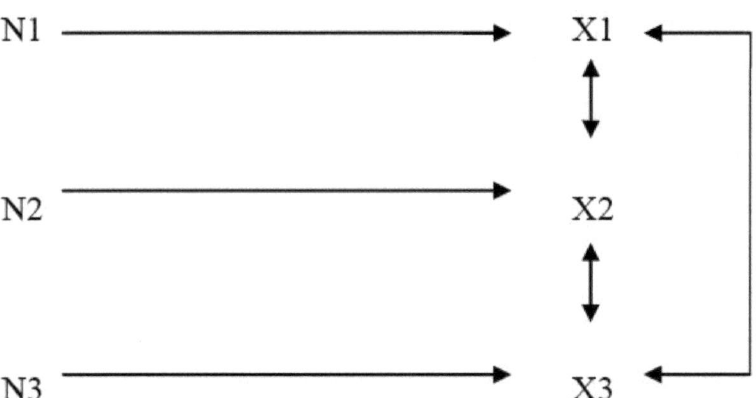

(Valsa 1986a: 95)

Este gráfico é uma boa visualização de como um proponente das imagens 1 e 2 acima mencionadas veria o mundo - com o significado principal sendo ou a governação ou as estruturas nacionais, por exemplo.

N1

N2

N3

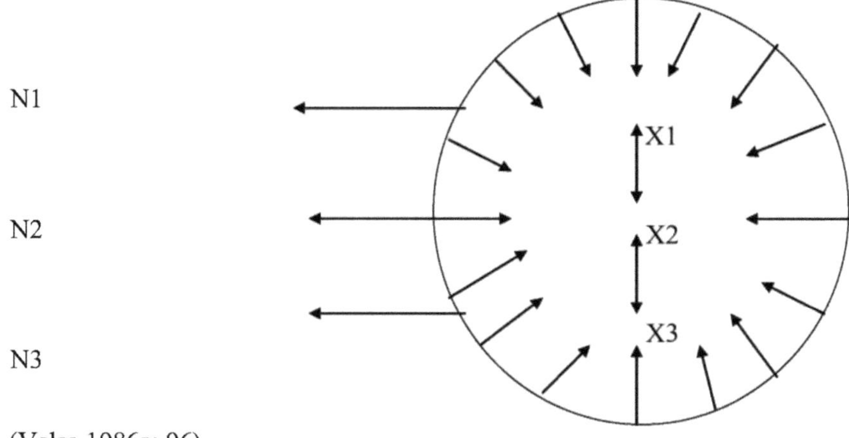

(Valsa 1986a: 96)

O segundo gráfico mostra como os neo-realistas vêem as relações internacionais e ilustra o terceiro. Aqui a principal diferença é o papel do sistema político internacional como unidade em si mesmo - representado no gráfico como o grande círculo que tanto influencia o comportamento externo dos estados como influencia o processo de tomada de decisões dentro dos estados. Assim, dá a maior importância ao ambiente em que os estados operam.

Sobre a Anarquia

Desde que a importância do conceito de anarquia nas relações internacionais foi estabelecida, é necessário elaborar este conceito e o seu oposto - a hierarquia - um pouco mais. Onde a anarquia é caracterizada pela ausência de governo, a hierarquia é caracterizada pela presença organizada do governo. Dois pontos são importantes a mencionar em relação a estes termos: (a) Anarquia e hierarquia, ou os pontos exteriores de um espectro de ordem organizada, e há uma variedade de tons de cinza entre os dois extremos, e (b) Anarquia não significa necessariamente caos completo e barbarismo -

apenas a ausência de ordem organizada. [4]

Uma vez que anarquia significa apenas a ausência de um governo e nada mais, as alegações de que as relações internacionais são caracterizadas por uma anarquia modificada devido à existência de alianças, organizações internacionais, sociedade civil, etc., serão rejeitadas pelos neo-realistas. Mesmo que estas instituições sejam uma realidade, não mudarão o facto fundamental de que a anarquia é a base das relações internacionais - mesmo que pareçam estar a mudar. (Walzer 1986b: 113)

Sobre socialização

Uma questão que permanece sem resposta, porque é o terceiro quadro que é tão decisivo para a forma como as relações internacionais se desenvolvem, é como este sistema de anarquia internacional não só foi criado como também permanece inalterado. Segundo os neo-realistas como a Valsa, o sistema não mudará porque as violações das regras são automaticamente punidas e forçadas a adaptar-se ou a perecer. Mesmo que o ambiente internacional anárquico seja tão antigo como o próprio sistema estatal, não seria impensável que isto pudesse mudar com o tempo, uma vez que alguns actores desaparecem no decurso da história e outros reaparecem no palco. O neorealismo argumentaria a favor disto: Uma vez que a anarquia internacional implica um sistema *"kill-or-become"*, os Estados que tentam reinventar as suas relações com os seus vizinhos acabariam por sofrer porque não estariam preparados para se defenderem adequadamente contra os Estados que ainda estão a tentar sobreviver e aumentar o seu poder.

A excepção a esta prevenção automática da *quebra de regras* são os estados que estão fora da competição pela sobrevivência ou domínio. Estes podem ser, por exemplo, estados que estão bastante isolados da comunicação com outros estados - por qualquer razão. Exemplos disto podem ser os Estados Unidos no século XIX ou o Japão nos séculos

---

4 -•
  ou seja, governo

XVII e XVIII. (Valsa 1986b: 128-129)

Outra explicação para este sistema anárquico imutável é *a tirania das pequenas decisões*. Isto significa que os Estados actuarão a curto prazo de acordo com o que for do seu interesse imediato, mesmo que a realidade criada por tal acção não seja a que o Estado preferiria se tivesse a escolha. A valsa ilustra isto da seguinte forma:

"Se se espera que outros corram por cima do banco, a forma cautelosa é correr mais depressa do que eles, mesmo sabendo que se poucos outros correrem, o banco permanecerá solvente, e se muitos correrem, ele falhará. Nesses casos, a prossecução de interesses individuais conduz a resultados colectivos que ninguém quer e, no entanto, os indivíduos prejudicar-se-ão a si próprios através de comportamentos diferentes sem alterar os resultados". (Walzer 1986b: 104)

O mesmo se aplica ao estado que actua no seu ambiente entre outros estados. O Estado tomará a decisão que se assegura e é do seu interesse a curto prazo, mesmo que saiba que a cultura que se desenvolve a partir destas acções não será do melhor interesse de um dos Estados. Várias decisões racionais irão somar-se e criar uma cultura irracional de comportamento estatal. (Walzer 1986b: 105)

Um exemplo ilustrativo actual desta ideia poderia ser o Protocolo de Quioto ou outras cimeiras e acordos destinados a reduzir as emissões para reduzir o aquecimento global. Embora os países saibam que é do interesse de todos proteger o ambiente, terão muito cuidado em não perder uma vantagem competitiva relativa sobre os seus vizinhos - especialmente no sector económico-industrial.

Construtivismo

A terceira e última teoria utilizada neste trabalho para lançar luz sobre o potencial, raízes e possível desenvolvimento da diplomacia pública será o construtivismo. A teoria será baseada principalmente na versão do construtivismo de Alexander Wendt apresentada em 1992 no seu artigo *Anarquia é o que os estados fazem dela: The Social Construction of Power Politics* e desenvolvido no seu livro de 1999 intitulado *Social Theory of International Politics (Teoria Social da Política Internacional)*.

Alexander Wendt é Professor de Segurança Internacional na Universidade Estatal de Ohio e é especializado em teoria social, teoria das relações internacionais e filosofia das ciências sociais. Publicou vários livros e artigos sobre a teoria das relações internacionais nos anos 90 e especialmente nos anos após a viragem do século. O seu primeiro artigo publicado é *Anarquia, é o que os Estados fazem dela: A construção social da política de poder*. (Mershon Centre for International Security Studies)

O ponto de partida do capítulo serão as três diferentes culturas que se podem desenvolver nas relações internacionais de acordo com a abordagem construtivista de Alexander Wendt - estas incluem as culturas Hobbesiana, Locke e Kantiana. Depois de apresentar estas três principais culturas em que os Estados podem existir nas relações internacionais, o capítulo passará a explicar como os Estados são socializados e assim estabelecer uma cultura específica nas relações internacionais ou ajudar a preservá-la. É este último mecanismo que está no cerne da teoria, e porque é que esta teoria é completamente diferente do neorealismo, porque está aberta à mudança.

A cultura Hobbesiana

O primeiro dos três diferentes tipos de culturas em que o mundo das relações internacionais pode socializar é a cultura Hobbesiana. O seu nome deriva do filósofo inglês Thomas Hobbes, que viveu entre 1588 e 1679 e cuja obra provavelmente mais famosa é *Leviathan,* publicada em 1651. Foi escrito durante a Guerra Civil Inglesa, pois Hobbes era um realista de cor; promoveu um estado forte que criou o egoísmo incontrolável da natureza humana. Sem um governo forte, ele acreditava que uma guerra de todos contra todos se desenvolveria. O que é particularmente marcante é a memorável primeira página, que se assemelha ao soberano (a encarnação do Estado) e contém os indivíduos da população. (Martinich 2005: xiv-18)

As opiniões de Hobbes sobre a natureza humana e o desenvolvimento da sociedade na ausência de poder centralizado podem ser resumidas, grosso modo, na seguinte citação do Leviatã:

"".. É óbvio que durante o tempo em que as pessoas vivem sem um poder comum que as prende a todas, elas estão nesse estado chamado guerra, e essa é uma guerra tal como é travada por cada homem contra cada homem. (Hobbes 1994: 76)

Hobbes continua a explicar como se pode pôr fim a esta guerra de todos contra todos, criando um poder comum que possa manter a paz: *"A única forma de criar um poder tão comum que possa defendê-lo da invasão de estranhos e dos ferimentos de outros é transferir todo o poder e força para um só homem ou para uma assembleia de homens que, através da pluralidade de vozes, podem reduzir todas as suas vontades a uma única vontade"* (Hobbes 1994: 109)

Segundo Hobbes, isto só acontece quando cada pessoa abdica dos seus direitos e liberdades individuais em troca da protecção do soberano e quando sabe que todas as outras pessoas também abdicaram dos seus direitos e ambições. Quando isto acontece, Hobbes não aceita qualquer forma de inversão dos juramentos que o povo fez ao soberano - com a única excepção de que o soberano não é capaz de proporcionar segurança e protecção contra a violência:

"... hey, que já estabeleceram uma Commonwealth, e estão assim obrigados pelo Pacto a fazer seus os actos e julgamentos, não podem legalmente fazer um novo Pacto entre si para serem obedientes a outro, seja em que matéria for, sem a sua permissão. E, portanto, aqueles que estão sujeitos a um monarca não podem, sem a sua permissão, estabelecer a monarquia e regressar à confusão de uma multidão desunida, nem transferir a sua pessoa daquele que a usa para outro homem ou assembleia de pessoas".
(Hobbes 1994: 111)

Quando as ideias de Hobbes são transferidas do nível nacional para o internacional, emerge um mundo bastante deprimente, que segue a estratégia *"matar ou ser morto"* nas relações internacionais. Este é o caso mais difícil de explicar do construtivismo, mas tem, no entanto, existido em vários pontos da história. O termo principal para explicar a relação entre o eu e o outro seria inimigo neste caso. Alexander Wendt explica o conceito de inimigo da seguinte forma:

"Os Inimigos são constituídos pela representação do Outro como um actor que (1) não reconhece o direito do Eu a existir como um ser autónomo e, portanto (2) não limita de bom grado o seu poder sobre o Eu. Esta é uma definição mais restrita do que é normalmente encontrada nas RI, onde "inimigo" é frequentemente utilizado para descrever qualquer antagonista violento" (Wendt 2007: 260)

A razão pela qual Wendt usa uma definição mais restrita do termo "inimigo" do que a norma é que é importante não confundir inimigo com rival - este é o termo característico da relação entre o eu e o outro numa cultura Lockean. Uma vez que o inimigo Hobbesiano não reconhece o direito de existência do seu homólogo, ele não se limitará. A única coisa que pode limitar a agressão será a possível falta de capacidade de destruir o outro ou a intervenção do *Leviatã* se houvesse alguma forma de governo internacional no mundo. Os rivais da cultura Lockeana, por outro lado, reconhecem o direito à existência da sua contraparte, mas por vezes tentarão rever o seu comportamento ou tomar posse da sua propriedade - por exemplo, terra, recursos naturais, etc. - recursos naturais, etc. A principal diferença entre os dois é portanto a inexistência de auto-contenção na cultura Hobbesiana. (Wendt 2007: 259-261)

A Cultura Lockean

A segunda cultura potencial das relações internacionais descrita por Alexander Wendt baseia-se nas ideias do filósofo inglês e contemporâneo de Thomas Hobbes - nomeadamente John Locke. Locke viveu de 1632 a 1704 e foi um dos mais importantes empiristas britânicos e por isso trabalhou muito com a compreensão e experiência humana pela qual é mais famoso. Com os seus *dois tratados sobre governo civil* de 1689, ele também se aprofundou na filosofia política. (Locke 1980: vii)

Locke foi fortemente influenciado por Hobbes, mas houve várias áreas em que ele foi completamente afastado da posição de Hobbes. Os dois exemplos mais marcantes são o conceito de natureza humana e o direito à revolução contra um governo ilegítimo.

A cultura Lockean, tal como utilizada por Alexander Wendt na sua abordagem construtivista, é caracterizada pela abordagem *"viver e deixar viver"* em vez da abordagem *"matar ou ser morto"* de Hobbes. Nesta cultura, a visão do outro é vista como um rival e não como um inimigo. Em geral, existe um reconhecimento mútuo do direito a existir entre Estados. Isto tem sido evidente, por exemplo, desde o aparecimento do sistema vestefaliano em 1648, desde então a taxa de mortalidade dos estados tem sido muito baixa em comparação com os tempos anteriores - isto é verdade mesmo para os estados mais pequenos. Mesmo que haja um reconhecimento mútuo dos direitos de existência e soberania dos Estados, isto não significa que o uso da força tenha desaparecido. Haverá ainda disputas, por exemplo, sobre território e recursos - mesmo na medida em que conduzam à guerra. Mas, como mencionado acima, as guerras serão guerras limitadas, principalmente destinadas a rever fronteiras ou obter concessões do lado perdedor, em vez de uma luta de vida ou de morte entre Estados.

O impacto de uma cultura Lockean não se limita a como e com que frequência as guerras são travadas. Como a soberania de outros Estados é geralmente respeitada e as guerras se tornam menos frequentes, os Estados já não precisam de se concentrar apenas na segurança e nos ganhos a curto prazo, mas podem - ou devem - concentrar-se em objectivos a mais longo prazo numa gama mais vasta de áreas, a fim de acompanharem o ritmo dos seus rivais. Além disso, o reconhecimento mútuo da soberania e uma maior concentração em objectivos a longo prazo está a dar lugar a um grau de confiança entre os aliados. (Wendt 2007: 279-282)

Desde a Paz de Vestefália em 1648 e em parte desde a Paz de Augsburg cem anos antes, a cultura Lockean foi a que caracterizou as relações internacionais, pelo menos a nível regional, até à descolonização, quando a cultura se estabeleceu de forma mais firme e abrangente.

Levanta-se então a questão de como esta cultura surgiu e como se solidificou de tal forma que ultrapassou grandes "quebradores de regras" como Napoleão ou Hitler. A raiz da cultura deve estar na compulsão - após a prolongada Guerra dos Trinta Anos, que em si mesma não trouxe mais do que miséria e pobreza, era do interesse das grandes potências envolvidas e dos principados alemães respeitar a soberania dos outros. Uma vez que esta era uma norma recentemente introduzida, teve de ser introduzida pela força no início. Um exemplo disto poderia ser a interferência da Inglaterra e dos Países Baixos nos conflitos entre a Denmark-Norway e a Suécia, sendo esta última impedida pela anexação da primeira. (Wendt 2007: 286)

Após esta primeira fase da cultura Lockean forçada, a cultura torna-se cada vez mais solidificada como a norma. Isto significa que os actores estatais estão gradualmente a habituar-se ao facto de se esperar que respeitem - ou pelo menos pareçam respeitar - a soberania de outros Estados. O reconhecimento da soberania de outros pode beneficiá-los, enquanto que o não reconhecimento pode prejudicá-los. Por outras palavras, os Estados respeitarão a soberania dos outros, desde que acreditem que é do seu interesse. O terceiro e último passo numa cultura Lockeana profundamente enraizada é quando o reconhecimento da soberania dos outros se torna um tal hábito e um tal valor em si mesmo que os Estados respeitarão automaticamente a norma, mesmo que isso possa não ser do seu interesse directo. (Wendt 2007: 287-289)

A cultura kantiana

A última das três culturas de relações internacionais delineadas por Alexander Wendt é a da cultura kantiana, que *se baseia* nas ideias do filósofo prussiano Immanuel Kant (1724-1804) no seu tratado de *Paz Eterna*. Enquanto a cultura de Hobbes se baseava na inimizade e a cultura de Locke na rivalidade, a cultura de Kant opera com o conceito de amizade.

A Paz Perpétua é um pequeno panfleto contendo seis artigos preliminares e três artigos finais que, se seguidos, mudariam completamente as relações internacionais. É uma das obras mais essenciais do cosmopolitismo na história, embora seja bastante utópica. Os seis artigos preliminares são:

"1: Nenhum tratado de paz será válido em que um assunto seja tacitamente reservado para uma guerra futura.

2: Nenhum Estado Independente, grande ou pequeno, pode estar sob o domínio de outro Estado por herança, troca, compra ou doação.

3: Exércitos permanentes (miles perpetuus) devem ser completamente abolidos ao longo do tempo.

4: A dívida pública não deve ser assumida tendo em vista a fricção externa dos Estados.

5: Nenhum Estado pode intervir pela força na constituição ou no governo de outro Estado.

6: Durante uma guerra, nenhum Estado pode permitir tais actos hostis que tornariam impossível a confiança mútua
na paz futura
: Estas são as operações de
assassinos (percussores), envenenadores (vencidos), violação da rendição e incitação à traição (perduellio) no estado oposto" (Kant 2007: 7-11)

E os três artigos finais são:

"1: A constituição civil de cada Estado deve ser republicana

2: A lei das nações deve ser baseada numa federação de Estados livres

3: A lei da cidadania mundial deve ser limitada às condições de hospitalidade geral" (Kant 2007: 13-21)

Na visão de Kant de um mundo pacífico destacam-se algumas coisas. O mais importante, de um ponto de vista teórico, são os pré-artigos que tentam evitar a desconfiança ou hostilidade entre estados, tais como os Artigos 1 ou 6. Esta visão em si implica que existe uma forma de mudar a forma como os estados interagem e se vêem uns aos outros - não tem de ser uma sociedade anárquica para a eternidade. Este ponto particular explica também porque Wendt achou os pensamentos de Kant suficientemente fascinantes para os integrar no seu quadro teórico. Dois outros pontos curiosos na Paz Perpétua de Kant é que ele se esforça muito para explicar as diferenças entre um republicano e uma forma democrática de governo, porque é bastante céptico acerca da democracia, mas apoia a separação de poderes e a meritocracia. Não surpreendentemente, recomenda vivamente que os filósofos sejam consultados em qualquer decisão governamental. Com vista a um futuro pacífico, ele não prevê um governo mundial, pois acredita que este seria demasiado laxista e perderia o seu impulso legislativo. Por outro lado, ele apela a uma confederação solta de Estados que garanta a segurança de todas as pessoas que viajam entre eles - como é evidente nos artigos finais 2 e 3.

Para voltar mais uma vez à versão de Wendt das ideias e cultura de Kant - um exemplo difícil de explicar na lógica da cultura Lockean ou Hobbesiana é a estreita cooperação entre os países da OTAN. Numa cultura Hobbesiana isto nunca teria acontecido, enquanto que na cultura de Locke poderia ter sido explicado enquanto o Pacto de Varsóvia e a URSS ainda existissem.

Após a queda da URSS e o desaparecimento de um suposto inimigo comum dos Estados membros da NATO, a rivalidade entre os Estados membros deveria ter-se reacendido e a aliança deveria ter sido lentamente desmantelada. Em vez disso, a Aliança tem persistido e ainda existem áreas de estreita cooperação entre os Estados-Membros, o que em alguns casos vai para além do egoísmo nacional. (Wendt 2007: 297)

O conceito de amizade que esta cultura abraça é caracterizado por duas regras - nomeadamente que os conflitos ou disputas são resolvidos sem guerra ou ameaça de guerra, e que ambos estão envolvidos num conflito se um deles for atacado - ou seja, trabalham em conjunto como uma equipa. Isto pode parecer uma aliança, mas numa amizade a ideia de guerra entre amigos é impensável, numa aliança a ideia de guerra só é impensável enquanto a aliança existir - por outras palavras, uma espécie de amizade temporária. Além disso, é importante notar que o conceito de amizade na cultura kantiana apenas diz respeito a áreas de segurança - os amigos ainda podem competir economicamente, por exemplo. Exemplos de amizades nas relações internacionais no nosso mundo de hoje poderiam ser as relações especiais entre os EUA e a Grã-Bretanha ou entre os Estados nórdicos. As relações entre estes países são caracterizadas pelo facto de ser inconcebível que um estado de guerra se possa desenvolver. (Wendt 2007: 299)

A utilização do conceito de amizade nas relações internacionais deve também implicar um grau de abnegação, uma vez que o Estado A pode ajudar o seu amigo Estado B com um problema, mesmo que isso não beneficie directamente o Estado A. Se um estado não é necessariamente egoísta e egocêntrico, e se um certo grau de confiança pode ser estabelecido entre estados, esta é uma forma de escapar à anarquia internacional característica das ideias de Hobbes e Locke - se não a nível global, então a nível regional. Alexander Wendt cita o exemplo dos Estados Unidos e do Canadá. Mesmo que estes dois países vizinhos tenham várias disputas, por exemplo sobre direitos de pesca, e os Estados Unidos sejam muito mais poderosos do que o seu vizinho do norte, nunca considerariam o uso da força em seu próprio benefício em relação ao Canadá. A mesma situação podia ser observada, por exemplo, na União Europeia. Aqui desenvolveu-se uma cultura que tornou o poder militar dentro da esfera obsoleto.

Vale também a pena mencionar que o construtivismo difere do neorealismo, por exemplo na sua abordagem à diferença entre anarquia e hierarquia. Onde o neo-realista vê a anarquia como o resultado da ausência de uma autoridade centralizada - ou seja, um Leviatã Hobbesiano ou um governo mundial - o construtivista não vê necessariamente a anarquia como um produto necessário da ausência de uma autoridade centralizada. Se a cultura kantiana numa comunidade de estados se desenvolver suficientemente a nível global ou regional, é possível que a anarquia desapareça numa arena descentralizada. (Wendt 2007: 306-308)

Um aspecto importante ao considerar o conteúdo da cultura kantiana nas relações internacionais é a questão de como esta cultura pode desenvolver-se e, em última análise, consolidar-se a si própria. É um mistério como os antigos inimigos do mundo de Hobbes ou rivais no mundo de Locke podem ser amigáveis uns com os outros. Isto certamente não irá acontecer de um dia para o outro, mas será um longo processo que pode ser dividido em três fases principais. A primeira fase seria uma extensão do que pode ser visto numa cultura Lockean - quando a prevenção da matança de outros estados se torna, com o tempo, uma norma que não ataca os fundamentos da cultura Kantiana - em que a coerção mantém a não-violência. A partir daqui pode desenvolver-se à medida que as normas são consolidadas, e a cooperação aumenta. Verá nesta segunda fase como os Estados cooperam e agem aparentemente altruisticamente - mas isto não será real. As normas existem para agir de forma amigável, e como esta é a forma de comunicação esperada, o Estado age desta forma porque sabe que desta forma alcançará os seus objectivos e evitará tornar-se vítima de sanções. A ideia por detrás da terceira e última fase é que as acções acabem por se tornar mais reais e menos fundamentalmente baseadas no egoísmo. (Wendt 2007: 303-306)

A socialização das relações internacionais

Tendo examinado as diferentes culturas que se podem desenvolver nas relações internacionais e como se podem enraizar, é tempo de descobrir o aspecto mais importante da teoria construtivista - a capacidade dos estados de aprenderem com os outros e de se influenciarem uns aos outros. O núcleo do construtivismo é que os interesses e identidades são criados e constantemente alterados através da interacção com outros.

Wendt tenta explicar isto usando o exemplo do primeiro encontro entre alter e ego. Ambos estão orientados para a sobrevivência e têm a força material para sustentar este interesse - mas, além disso, não criaram quaisquer interesses ou expectativas comuns. Nesta primeira reunião, cada gesto e movimento é importante para assinalar a paz, a hostilidade ou um comportamento abertamente ameaçador. Assim que Alter decidir agir numa direcção, o ego começará a interpretar essa acção e a responder a esse comportamento. O ego pode interpretar mal as intenções de Alter e agir de forma inadequada, o que pode levar Alter a mudar a sua atitude. Em qualquer caso, uma história comum começará a ser escrita para as duas, e cada uma delas começará a desenvolver opiniões sobre a outra e também a desenvolver padrões de comportamento em relação a outras entidades em geral, com base nas suas experiências recentes. Os entendimentos e expectativas dos outros constituirão, portanto, a parte mais importante da formação de interesses e identidade do actor. (Wendt 1992: 404-407)

Abaixo encontra-se uma figura que mostra a formação de identidades e interesses estatais através da interacção:

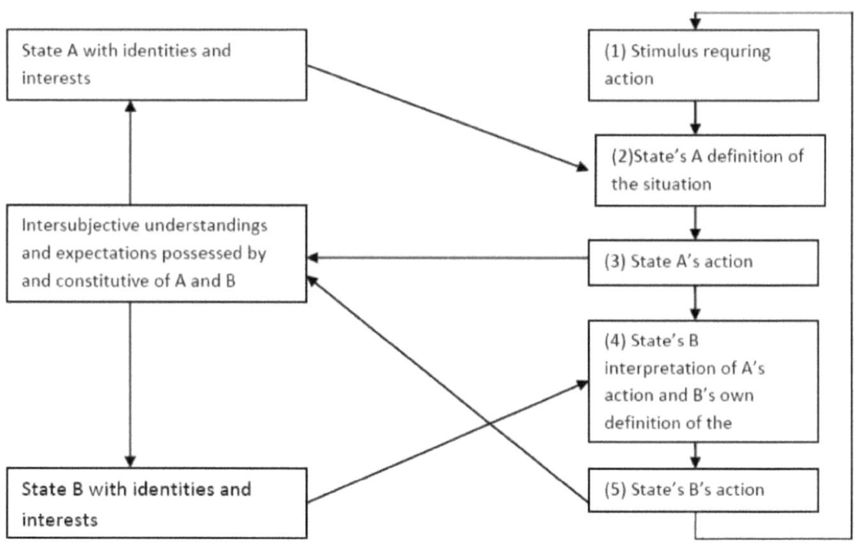

Como se pode ver na figura, o processo de socialização estatal é visto numa arena limitada de apenas dois estados - a formação de identidades e interesses estatais é explicada visualmente aqui. Um Estado encontra um problema e começa a analisá-lo a partir da perspectiva das suas experiências anteriores (ou seja, as suas identidades e interesses previamente criados) e decide o que considera ser a acção apropriada a tomar. Outros estados começam a analisar esta acção e tentam descobrir qual a reacção que ela pode exigir e agir em conformidade - e assim por diante. Todas estas acções estatais se somam à história comum dos Estados e são os blocos básicos de construção das expectativas mútuas das acções uns dos outros e, portanto, da formação das suas próprias identidades e interesses.

Resumo

A teoria construtivista distingue-se das outras teorias apresentadas e utilizadas neste artigo como mais dinâmicas e um pouco mais imprevisíveis do que as outras. Em vez de declarar o comportamento nas relações internacionais como estático - como no neorealismo - ou seguindo regras mais previsíveis - como no neoliberalismo - o construtivismo é mais aberto. O que conta é a interacção entre os actores e a sua história comum. Uma história de violência e uma elevada taxa de mortalidade entre Estados levará a uma paranóia justificada entre eles e a um desenvolvimento para uma cultura Hobbesiana de matar ou ser morto, enquanto uma história de cooperação e respeito mútuo pela soberania pode levar a uma cultura Lockeian ou eventualmente até mesmo a uma cultura Kantiana. Wendt vê assim a anarquia das relações internacionais como um produto da socialização estatal e, portanto, mutável - ou como o seu artigo se intitula: "Anarquia é o que os Estados fazem dela" (Wendt 1993: 391)

Análise

Neste capítulo, tentamos analisar o tema da dissertação a fim de chegar a uma conclusão e a uma resposta o mais clara possível para a formulação do problema. O capítulo analítico está dividido em quatro secções principais. A primeira secção tenta analisar o problema através da aplicação da teoria do poder suave, a segunda secção da perspectiva do Neorealismo e a terceira da perspectiva do Construtivismo. Na quarta secção são comparados e discutidos os resultados das três secções anteriores. Esta discussão analítica final constitui finalmente a base para a conclusão final do trabalho.

Aplicação de Soft Power

Este capítulo tenta fornecer um modelo explicativo para a formulação de problemas através da lente do poder suave. Como a formulação do problema está dividida em três etapas, este capítulo também está dividido em três etapas. Em primeiro lugar, examina porque é que os ministérios dos negócios estrangeiros tomaram medidas para se reinventarem, introduzindo conceitos bastante novos como a diplomacia pública, a marca da nação e a diplomacia cultural. Examina então se estas novas abordagens representam ou não uma forma mais eficiente de alcançar os objectivos de política externa. Finalmente, será examinado se isto representa ou não um avanço nas relações internacionais sob a perspectiva da teoria do poder suave.

Novas formas de diplomacia

Ao considerar por que razão estas novas abordagens comunicativas e abertas à condução da diplomacia para um grupo mais amplo do que a diplomacia tradicional, é necessário considerar as motivações básicas dos estados por detrás da diplomacia. Ao longo do tempo, as áreas de competição entre Estados têm vindo a deslocar-se cada vez mais das áreas nucleares da economia e das forças armadas para áreas de soft power também - isto deve ser visto especialmente contra o pano de fundo de que as guerras em geral se têm tornado demasiado destrutivas.

Quando se torna cada vez mais difícil forçar outros estados a fazer o que se quer, é possível utilizar o acesso mais subtil ao poder mencionado na parte teórica - nomeadamente para os convencer de que o seu objectivo é idêntico ao objectivo deles. A diplomacia pública e a diplomacia cultural podem então ser vistas como um meio de aumentar a compreensão e a simpatia de outros públicos pela sua própria causa, e assim, por sua vez, levar estas pessoas a exercer pressão sobre os seus governos para que sejam benevolentes - ou pelo menos não hostis - para com o Estado de envio. Como mencionado no relato teórico do soft power, é necessário que um governo aumente a sua credibilidade a fim de aumentar o seu soft power, e este é exactamente o mesmo caso que a diplomacia pública e como a diplomacia pública difere da propaganda dos seus primos. O mesmo se aplica à necessidade de ouvir o que os outros têm a dizer e de se concentrar no diálogo e não apenas no monólogo. Todos estes pontos sugerem que as novas abordagens à gestão da diplomacia surgiram devido ao reconhecimento do valor do soft power.

Uma nota final sobre esta área é a razão pela qual as iniciativas foram introduzidas principalmente na Europa e na América do Norte. Pode ser porque estão a ser dedicados mais recursos para testar novas abordagens nos ministérios dos negócios estrangeiros destes países, mas também pode haver outra razão para isso. Como mencionado no relato teórico do soft power, os estados que estão mais próximos dos valores e ideologias prevalecentes no mundo terão mais soft power do que os países que estão mais afastados das ideologias prevalecentes. Desde o fim da Guerra Fria, estes valores têm sido geralmente ditados pelos Estados Unidos - razão pela qual estes e outros países bastante semelhantes estão a concentrar-se nestas novas abordagens das relações externas.

Mais eficiente na realização de objectivos de política externa

De acordo com a teoria do "poder suave", o maior enfoque na diplomacia pública pode significar uma forma mais eficiente de alcançar os objectivos da política externa, desde que estes objectivos sejam objectivos bastante normais, tais como melhorar a própria economia, a reputação internacional e o posicionamento político. Como foi mencionado no capítulo teórico, estas iniciativas não podem permanecer sozinhas, uma vez que são apenas parte de um quadro maior de soft-power e poder-se-ia temer que isto nem sempre se realize. Áreas complementares para reforçar o soft power poderiam ser contribuições generosas para a ajuda ao desenvolvimento, um perfil forte nas operações de manutenção da paz ou um tratamento tolerante e justo das minorias indígenas. Áreas como estas serão mais frequentemente impulsionadas por preocupações de poder político interno ou de poder (económico) duro do que por preocupações de poder suave - a ajuda ao desenvolvimento será cortada devido a preocupações orçamentais, as minorias domésticas experimentarão um elevado grau de intolerância a fim de aumentar o apoio às secções mais nacionalistas do eleitorado, etc. Isto pode facilmente levar a uma situação em que a diplomacia pública não é capaz de desenvolver todo o seu potencial porque não recebe o apoio necessário em outras áreas.

Além disso, o conceito de marca da nação poderia constituir um problema para o sucesso da diplomacia pública. Uma vez que a marca da nação é de natureza bastante comercial e tem a atenção do sector privado, o seu objectivo principal é beneficiar a esfera do poder económico - ou seja, o segundo tabuleiro de xadrez. Isto pode ter um efeito adverso sobre as hipóteses de sucesso no campo da diplomacia pública. A razão para isto é que a marca da nação em si não tem de seguir toda a verdade - trata-se antes de criar imagens e de criar artificialmente laços emocionais a um lugar. Desta forma, afasta-se de um dos princípios básicos do poder suave e da diplomacia pública - nomeadamente, manter a verdade e aumentar a credibilidade. Desta forma, o conceito de marca da nação é contraproducente para a diplomacia pública e, portanto, para o aumento do poder suave.

Avanço nas relações internacionais

Desde que foi estabelecido que a diplomacia pública é incapaz de atingir todo o seu potencial devido a outros factores, tais como as restantes preocupações de "força dura", preocupações políticas internas e o elemento contraproducente da "marca da nação", a introdução da diplomacia pública não representa um avanço nos princípios básicos das relações internacionais - parece antes ser uma iniciativa tomada com as melhores intenções mas com um impacto limitado.

Se partirmos do princípio de que a diplomacia pública não tinha estes obstáculos actuais - isso significaria plausivelmente uma mudança nos princípios básicos das relações internacionais? Por outras palavras, se todo o apoio necessário aos esforços da diplomacia pública estivesse em vigor e o foco principal da política externa fosse o poder suave. De certa forma, uma mudança seria plausível na medida em que os grandes conflitos armados se tornaram cada vez mais raros e obsoletos, mas, por outro lado, o enfoque no poder suave apenas coloca a concorrência internacional num tabuleiro de xadrez diferente e os Estados permanecerão tão competitivos como sempre. A introdução da diplomacia pública seria, portanto, mais susceptível de ser mais um instrumento de poder do que uma forma de reforçar a cooperação.

Resumo

Olhando para a diplomacia pública através da lente da teoria do poder suave, explica que a diplomacia pública surgiu porque os actores estatais vêem o poder suave como um poder real sobre o qual vale a pena competir. Contudo, uma vez que a diplomacia pública muitas vezes se mantém sozinha sem o apoio necessário de outras áreas políticas, não representa actualmente um meio mais eficiente de alcançar objectivos de política externa ou um avanço fundamental nas relações internacionais.

Se, num dado momento, a diplomacia pública receber o apoio necessário noutras áreas e a ênfase no soft power vier à tona a par das preocupações económicas, políticas internas e militares, pode ser potencialmente um instrumento muito importante de competição de poder entre Estados. Contudo, ainda é pouco provável que os princípios básicos das relações internacionais mudem significativamente.

Aplicação do Neorealismo

O objectivo deste capítulo é analisar o tema de interesse da perspectiva do neorealismo, a fim de chegar a uma tentativa de encontrar uma resposta para a formulação do problema. A estrutura deste capítulo será semelhante à do capítulo anterior, com uma excepção. Uma vez que a presente análise chegará a uma conclusão completamente diferente da anterior, os subcapítulos serão fundidos para examinar se as novas abordagens à diplomacia são mais eficientes na consecução dos objectivos de política externa e se os conceitos implicam uma mudança fundamental nas relações internacionais. Após as secções analíticas mais importantes do capítulo segue-se um breve resumo das conclusões alcançadas pela análise de uma perspectiva neo-realista.

Novas formas de diplomacia

De uma perspectiva neo-realista, a ascensão de conceitos como a diplomacia pública é, na melhor das hipóteses, bastante intrigante e, na pior das hipóteses, um completo disparate. Uma vez que a única entidade que realmente conta nas relações internacionais é o Estado, e uma vez que o Estado actuará racionalmente e não mudará os seus padrões básicos de comportamento enquanto não houver um governo mundial, a ascensão da diplomacia pública é um erro. O pressuposto de que a criação de relações estreitas entre o próprio povo e a população estrangeira, ou uma maior vontade de dialogar, irá mudar o comportamento de outros estados em relação a si próprios é um conceito errado, uma vez que o comportamento do estado nunca irá mudar devido às condições anárquicas em que os estados existem.

Uma vez que é um facto que as iniciativas de diplomacia pública surgiram num grande número de países, a razão para tal deve ser a falsa percepção de que a razão dos conflitos reside na *malícia do* homem e no comportamento imprevisível dos que estão no poder - por outras palavras, a primeira imagem. Por outras palavras, as iniciativas de diplomacia pública foram lançadas na esperança de influenciar directa ou indirectamente os futuros dirigentes de um país, a fim de obter uma boa impressão do seu próprio país e assim aumentar a segurança desse país, porque adia um possível conflito com esse Estado.

Mais eficiente na realização de objectivos de política externa

Seguindo o argumento do parágrafo anterior, a ascensão da diplomacia pública não implica uma forma mais eficiente de alcançar os objectivos de política externa, uma vez que os interesses fundamentais de um Estado são estáticos e a comunicação com esferas públicas estrangeiras não conduz a uma maior segurança para o Estado de envio em qualquer medida significativa, mas é provavelmente um desperdício de recursos que dá aos Estados uma vantagem competitiva se não desperdiçarem recursos com estes conceitos mal concebidos.

No entanto, no que diz respeito à "marca da nação", esta pode ser uma boa iniciativa em si mesma da perspectiva do neo-realismo, uma vez que pode influenciar positivamente o poder económico de um Estado e assim aumentar o seu poder e segurança. A marca da nação enquanto tal, contudo, não tem nada de realmente significativo a ver com as relações internacionais enquanto tal, uma vez que é apenas importante como uma iniciativa de promoção das exportações e não irá alterar fundamentalmente a forma como os outros estados lidam uns com os outros.

Uma vez que os conceitos não são realmente úteis na competição entre Estados e não influenciam realmente a relação entre Estados, a ascensão da diplomacia pública não representa uma mudança fundamental na forma como as relações internacionais se processam.

Resumo

Dado que o neorealismo considera o comportamento do Estado como racional e o ambiente internacional como anárquico e estático, os novos conceitos de diplomacia pública não têm qualquer relevância para as relações internacionais e provavelmente vieram recentemente à tona devido ao erro de ver o comportamento humano como uma fonte de conflito, e por isso a forma de limitar os conflitos directos é criar opiniões favoráveis ao próprio Estado em esferas públicas estrangeiras. Embora a marca da nação possa ser vista indirectamente como benéfica para a segurança de um Estado ao sugerir uma forma de aumentar o poder económico de um Estado, não tem nada a ver com as relações internacionais enquanto tal, mas é meramente uma campanha publicitária progressiva.

Aplicação do construtivismo

Tal como os dois capítulos anteriores, este capítulo visará fornecer um modelo explicativo para dar algumas respostas em termos de formulação de problemas. Isto é feito através da aplicação do construtivismo, tal como apresentado no capítulo teórico correspondente. Este capítulo actual será geralmente estruturado da mesma forma que os dois capítulos anteriores, examinando os três níveis de formulação do problema, um após o outro. Em primeiro lugar, será examinado por que razão as abordagens comunicativas ganharam importância na diplomacia nos últimos anos, seguido de um exame sobre se, de um ponto de vista teórico, podem representar uma forma mais eficiente de alcançar os objectivos da política externa. Finalmente, será examinado se isto pode ou não ser visto como um avanço significativo na forma como as relações internacionais são geralmente conduzidas. Este capítulo é seguido da análise final e da conclusão do trabalho.

Novas formas de diplomacia

De uma perspectiva construtivista, as razões pelas quais a diplomacia pública e outras abordagens comunicativas da condução da diplomacia têm surgido podem ser muitas e variadas, como é, por assim dizer, uma teoria bastante flexível - as relações internacionais são, afinal, o que os Estados fazem dela. Uma interpretação pode ser desenvolvida a partir da perspectiva da história geral do mundo desde a Segunda Guerra Mundial. Na Segunda Guerra Mundial, a cultura dominante era uma cultura Hobbesiana - uma cultura de matar ou ser morto. Isto foi devolvido a uma cultura Lockean quando os Aliados ou os poderes do status quo ganharam a guerra. Durante o período pós-guerra e a Guerra Fria, a cultura Lockean tornou-se cada vez mais arraigada - em parte devido à coerção, como diz a teoria, uma vez que se tornou demasiado cara para travar uma guerra, em parte devido à bomba atómica. As guerras maiores eram raras, as fronteiras mal se deslocavam, e a soberania dos Estados era - pelo menos na sua maior parte - respeitada a um grau bastante elevado. Mesmo quando a grande rivalidade no mundo entre os Estados Unidos e a União Soviética terminou com o fim da Guerra Fria, as alianças permaneceram no lugar e convergiram, embora se devesse ter esperado um aumento da concorrência. Uma vez que isto não aconteceu, há que assumir que a cultura Lockean atingiu uma das suas fases mais sólidas. Uma vez que a cultura está tão profundamente enraizada, não há receio sério de que o status quo não deva ser mantido e está a tornar-se cada vez mais desejável reforçar o diálogo e a compreensão entre países.

Mais eficiente na realização de objectivos de política externa

Uma vez que se pode assumir que a cultura Lockean atingiu a sua fase mais profundamente enraizada, ela oferece espaço para semear as sementes da amizade entre povos e estados do mundo. Assim, quando vemos se um Estado pode ou não alcançar os seus objectivos de política externa de forma mais eficiente através do uso da diplomacia pública, esta pode não ser a pergunta certa a fazer a este respeito. Quando a cultura Lockean tiver atingido a sua fase final e tiver começado a envolver-se com outros países através de um maior diálogo, abertura e 64

Honestidade, isto pode significar a transição de um Lockean para uma cultura Kantiana. Se a cultura das relações internacionais mudasse de uma cultura Lockean para uma cultura Kantiana, isso implicaria uma mudança nos objectivos de política externa, o que, por sua vez, tornaria a questão em si obsoleta.

A emergência da diplomacia pública pode assim ser vista mais como um instrumento para promover a socialização entre Estados com esferas públicas estrangeiras como meio de comunicação. Ao influenciar as esferas públicas estrangeiras através da abertura, sinceridade e diálogo, estes, por sua vez, influenciarão os seus governos, aumentando assim as perspectivas de uma possível amizade entre os dois Estados em questão.

Avanço nas relações internacionais

Se a cultura das relações internacionais está a mudar, em parte devido ao impacto da diplomacia pública de Lockean para Kantian, isto significa uma enorme mudança potencial na forma fundamental como as relações internacionais se processam. A razão para isso é que isso irá mudar a forma como os estados são socializados - quando já não se virem como rivais, começarão a ver-se como amigos. Isto, por sua vez, pode criar espaço para um grau de cooperação anteriormente desconhecido nas relações internacionais. Na fase inicial, porém, uma vez introduzida uma nova cultura nas relações internacionais, esta será muito frágil. A menor quebra de confiança entre antigos rivais que se tornaram amigos poderia possivelmente trazer a cultura de volta - pelo menos até que ela se tenha tornado mais firmemente estabelecida. Em suma, a ascensão da diplomacia pública à vanguarda não significa, por si só, uma grande mudança fundamental na gestão das relações internacionais, mas desempenha um papel importante nesta potencial mudança.

Resumo

Dado que o construtivismo é uma teoria muito flexível, vários cenários diferentes poderiam ser plausíveis de acordo com a teoria. A explicação aqui mencionada foi escolhida porque concorda bem com a teoria apresentada no capítulo teórico e oferece uma *terceira via* distinta - o que significa que é bastante diferente do modelo explicativo utilizado tanto no capítulo sobre soft power como no capítulo sobre neorealismo. Ao longo dos últimos sessenta anos, a cultura Lockean tem-se estabelecido cada vez mais como a cultura principal das relações internacionais. Após a invenção da bomba atómica, houve poucas guerras porque foi muito dispendiosa, um elevado grau de respeito pela soberania e a manutenção do status quo. Isto é particularmente verdade no período pós Guerra Fria e pode ser visto como um sinal de uma cultura fortemente enraizada de Lockean.

A ascensão da diplomacia pública pode portanto ser interpretada como um sinal de que a cultura das relações internacionais está prestes a mudar da cultura Lockean para a cultura Kantiana, com um maior enfoque na comunicação, abertura e diálogo - instrumentos-chave para socializar os Estados de tal forma que se vejam uns aos outros como amigos e não como rivais.

Conclusão

Neste capítulo procura-se a conclusão final para a formulação do problema. Isto é feito através de uma crítica aos três capítulos analíticos anteriores, que se baseavam em soft power, neorealismo e construtivismo.

No que diz respeito à teoria e ao capítulo analítico do Neorealismo, esta teoria é, pela sua natureza, bastante conservadora e estática. Devido à sua firme convicção de que a forma básica como os estados se relacionam entre si nunca mudará - haverá sempre anarquia e os estados proteger-se-ão sempre, mesmo que isso signifique atacar os outros. Isto não deixa espaço para a análise de conceitos tais como diplomacia pública ou marca nacional, mas rejeita estes conceitos no seu conjunto. Outro aspecto intrigante desta teoria é que se o Estado é um actor racional e as iniciativas de diplomacia pública são equivalentes a disparates - como pode um Estado decidir racionalmente organizar e financiar estratégias de diplomacia pública significativas?

Quanto à abordagem analítica do construtivismo - esta abordagem teórica deixa muito espaço para a especulação sobre as causas e efeitos da diplomacia pública 66

Estratégias. Uma vez que atribui potencialmente uma grande importância às iniciativas de diplomacia pública, também facilita a compreensão da razão pela qual tanto tempo, esforço e recursos são investidos na diplomacia pública, nas iniciativas de marca nacional e nas iniciativas de diplomacia cultural. Também deixa espaço para a explicação mais positiva da razão pela qual estas iniciativas de diplomacia pública têm sido lançadas em todo o mundo. Isto é explicado no capítulo analítico porque está a ocorrer, ou está prestes a ocorrer, uma mudança cultural na arena internacional que irá afectar a forma como os Estados reagem uns aos outros.

Uma das áreas mais problemáticas do modelo explicativo oferecido por esta teoria é também a razão pela qual ela acaba por ser rejeitada como útil para uma resposta satisfatória à formulação do problema, porque a teoria é demasiado aberta. Basicamente, a teoria deixa espaço para a explicação de qualquer comportamento estatal em relação a outros estados. Algumas posições firmes da teoria tornariam mais fácil a sua utilização eficiente. De acordo com o estado actual da teoria, a única posição fixa que toma é que as relações internacionais são o que os Estados fazem delas. Na sua forma actual, a acção e comportamento dos estados depende inteiramente de como os estados são socializados uns com os outros no ambiente internacional. Se o ambiente internacional não assistir a um conflito armado durante um período de tempo considerável, os Estados que habitam esse ambiente acabarão por parar mesmo considerando o conflito armado no futuro.

Em relação à teoria do soft power e à sua abordagem analítica dos problemas actuais, ela toma um meio termo entre a atitude da abordagem construtivista e a atitude da abordagem neo-realista. O modelo explicativo subjacente a esta teoria atribui um certo potencial a iniciativas de diplomacia pública em todo o mundo. Mesmo que seja dada grande importância ao objectivo das iniciativas, isto encoraja um certo cepticismo sobre o sucesso ou fracasso destas iniciativas. A razão para este cepticismo é que actualmente parece que a maioria dos Estados dá prioridade a outras áreas antes de considerar o soft power - nomeadamente questões económicas, militares ou domésticas. Isto porque a teoria do soft power assume que é necessário agir numa grande frente para que o soft power se torne significativo - mesmo que isto signifique tomar decisões pouco sensatas sobre o crescimento económico ou o apoio doméstico. Um ponto de interesse é particularmente no que diz respeito à "marca da nação". Uma vez que a marca da nação é um primo próximo da diplomacia pública, presumir-se-ia que eles se complementariam, mas não é esse o caso, como foi descoberto. Pelo contrário, as imagens falsas ou idealizadas promovidas pelas campanhas de marca da nação distraem bastante de alguns dos princípios básicos da diplomacia pública - nomeadamente, promover a abertura e o diálogo e, mais importante ainda, aumentar a credibilidade e a honestidade.

Finalmente, para abordar a formulação do problema com algumas observações finais - as razões pelas quais as iniciativas de diplomacia pública se tornaram mais importantes nos últimos anos podem ser traçadas a partir de um maior reconhecimento do soft power. No entanto, não é actualmente considerado particularmente importante, uma vez que o campo continua a ser uma prioridade subordinada, apesar dos elogios dos ministérios dos negócios estrangeiros de todo o mundo. Uma vez que é apenas uma prioridade secundária e não recebe o tipo de apoio global de que necessita, provavelmente não é mais fácil alcançar os objectivos de política externa. No que diz respeito à última parte da formulação do problema - quer o enfoque na diplomacia pública represente ou não um avanço nas relações internacionais - a resposta deve ser não. Pode um dia desempenhar um papel primordial nas relações internacionais, mas não irá alterar os princípios básicos pelos quais os Estados operam internacionalmente.

Bibliografia

Andreasen, U. (2007) *Diplomati og Globalisering - En introduktion til Public Diplomacy,* Museum Tusculanums Forlag Kobenhavns Universitet: Copenhaga

Arndt, R.T. (2005) *O primeiro refúgio de reis: A diplomacia cultural americana no século XX,* livros Potomac: Washington D.C.

Ashley, R.K. (1986) *The Poverty of Neorealism,* Neorealism and its Critics, Robert O. Keohane (Hrsg.) S. 255-300, Columbia University Press: Nova Iorque

Berridge, G.R., Maurice Keens-Soper e T.G. Otte (2001) *Diplomatic theory from Machiavelli to Kissinger,* Palgraf: New York

Berridge, G.R. (2005) *Diplomacy - Theory and Practice,* Palgrave Macmillan: Nova Iorque

Bull, H. (2002) *The Anarchical Society - A Study of Order in World Politics,* Palgrave: Nova Iorque

Cerny, P.G. (2007) *Paradoxos do estado competitivo: A dinâmica da globalização política,* governo e oposição Vol. 32, pp. 251-274

Columbia University News, http://www.columbia.edu/cu/pr/00/03/kenneth Waltz.html, [acedido a 1 de Março de 2009].

Ministério dos Negócios Estrangeiros da Dinamarca, www.um.dk/en/menu/AboutUS/Organisation/OrganisationChart/UKKEOrganigram.htm, [acedido a 16 de Novembro de 2008].

Gilpin, R.G. (1986) *The Richness of the Tradition of Political Realism,* Neorealism and its Critics, Robert O. Keohane (Hrsg.) S. 301-321, Columbia University Press: Nova Iorque van Ham, P. (2002) *Branding territory: Within the wonderful worlds of PR and IR theory,* Millennium - Journal of International Studies 2002, 31 p. 249-269

van Ham, P. (2003) *War, Lies and Videotape: Public Diplomacy and the US War on Terrorism,* Security Dialogue Vol. 34, No. 4 pp. 427-444

van Ham, P. (2004) *The Rise of the Brand State - The Postmodern Politics of Image and Reputation,* Foreign Affairs Bd. 80 Nr. 5 S. 2-6

Harvard - Kennedy School, http://www.hks.harvard.edu/about/faculty-staff-directório/joseph-nye, [acedido em 16 de Março de 2009].

Hobbes, T. (1994) *Leviathan,* publicado por Hackett: Indianapolis/Cambridge

Hocking, B. (2007) *Rethinking the 'New' Public Diplomacy,* The New Public Diplomacy - Soft Power in International Relations, Jan Melissen (Hrsg.) S. 28-46, Palgrave Macmillan: Londres

Hoffman, D. (2002) *Beyond Public Diplomacy*, Foreign Affairs Mar/Abr 2002 Vol. 81 Issue 2, pp. 83-95

Kant, I. (2007) *Eternal Peace*, Filiquarian Publishing, LLC: Reino Unido

Lenczowski, J. (2007) *Keep the purpose clear*, The Public Diplomacy Reader, J. M. Waller (Ed.), The Institute for World Politics Press: Washington p. 196-197

Leonard, M. (2002) *Public Diplomacy*, The Centre for Foreign Policy: London

Leonard, M. (2002b) *Diplomacy by other means,* Foreign Policy Setembro/Outubro 132, pp. 48-56

Locke, J. (1980) *Segundo tratado sobre governo,* Hackett Publishers: Indianapolis/Cambridge

Martinich, A.P. (2005) *Hobbes,* Routledge: Nova Iorque

Mead, W.R. (2004) *America's Sticky Power,* Foreign Policy, Março/Abril 2004, No. 6 pp. 46-53

Melissen, J. (2007) *Between Theory and Practice,* The New Public Diplomacy - Soft Power in International Relations, Jan Melissen (Hrsg.) S. 3-27, Palgrave Macmillan: Londres

Mershon Centre for International Safety Studies   ,
https: //kb .osu.edu/dspace/bitstream/1811/30090/1/Wendt%20Alexander%20Mershon%20Bio%202006-07.pdf [acedido em 16 de Março de 2009]

Nye, J.S. (1991) *Bound to Lead - the changing nature of American power,* Basic Books: Vereinigte Staaten

Nye, J.S. (2004) *Soft Power - os meios para o sucesso na política mundial,* assuntos públicos: Nova Iorque

Nye, J.S. (2002) *The Paradox of American Power - why the world's only superpower can't go it alone,* Oxford University Press: Oxford

Olins, W. (2007) *Making a National Brand,* The New Public Diplomacy - Soft Power in International Relations, Jan Melissen (Hrsg.) S. 169-179, Palgrave Macmillan: Londres

Riordan, S. (2007) *Dialogbasierte Public Diplomacy,* The New Public Diplomacy - Soft Power in International Relations, Jan Melissen (Hrsg.) S. 180-195, Palgrave Macmillan: Londres

Ross, C. (2002) *Public Diplomacy is coming of age,* The Washington Quarterly, Spring 2002, 25:2, pp. 75-83

Ross, C. (2003) *Pillars of Public Diplomacy - Grappling with International Public Opinion,* Harvard International Review, Sommer 2003 pp. 22-27

Schneider, C.P. (2007) *Cultura comunicada: US Diplomacy That Works,* The New Public Diplomacy - Soft Power in International Relations, Jan Melissen (ed.) pp. 147-168, Palgraf Macmillan: Londres

U.S. Department of State (2005) *Cultural Diplomacy - the linchpin of public diplomacy,* http://www.state.gov/documents/organization/54374.pdf [acedido em 2 de Fevereiro de 2009].

Valsa, K.N. (1986a) *Political Structures,* Neorealism and its Critics, Robert O. Keohane (eds.) pp. 70-97, Columbia University Press: New York

Waltz, K.N. (1986b) *Anarchic Orders and Balancing of Power,* Neorealism and its Critics, Robert O. Keohane (Hrsg.) S. 98-130, Columbia University Press: Nova Iorque

Valsa, K.N. (2001) *Man, the State and War - A Theoretical Analysis,* Columbia University Press: New York

Wendt, A. (1992) *A anarquia é o que os Estados fazem dela: a construção social da política de poder,* Organização Internacional 46, 2, Primavera 1992 p. 391-425, World Peace Foundation e o Massachusetts Institute of Technology

Wendt, A. (2007) *Social Theory of International Politics,* Cambridge University Press: Cambridge

Conteúdo

Buy your books fast and straightforward online - at one of world's fastest growing online book stores! Environmentally sound due to Print-on-Demand technologies.

Buy your books online at
www.morebooks.shop

Compre os seus livros mais rápido e diretamente na internet, em uma das livrarias on-line com o maior crescimento no mundo! Produção que protege o meio ambiente através das tecnologias de impressão sob demanda.

Compre os seus livros on-line em
www.morebooks.shop

KS OmniScriptum Publishing
Brivibas gatve 197
LV-1039 Riga, Latvia
Telefax: +371 686 204 55

info@omniscriptum.com
www.omniscriptum.com

Printed by Books on Demand GmbH, Norderstedt / Germany